KB146283

이야기로 배우는
구글
빅쿼리

이야기로 배우는 구글 빅쿼리

데이터를 빠르고 효율적으로 분석하는 방법

1판 1쇄 발행 2021년 3월 30일

지은이 구도 마사토, 스즈키 다쓰히코, 우에노야마 아키라, 다카기 도모하루 / **옮긴이** 정인식 / **펴낸이** 김태현
펴낸곳 한빛미디어(주) / **주소** 서울시 서대문구 연희로2길 62 한빛미디어(주) IT출판부
전화 02-325-5544 / **팩스** 02-336-7124
등록 1999년 6월 24일 제25100-2017-000058호 / **ISBN** 979-11-6224-403-6 93000

총괄 전정아 / **책임편집** 홍성신 / **기획** 이윤지 / **편집** 강승훈
디자인 표지 최연희 내지 박정화 / **전산편집** 백지선
영업 김형진, 김진불, 조유미 / **마케팅** 박상용, 송경석, 조수현, 이행은, 고광일 / **제작** 박성우, 김정우

이 책에 대한 의견이나 오탈자 및 잘못된 내용에 대한 수정 정보는 한빛미디어(주)의 홈페이지나 아래 이메일로
알려주십시오. 잘못된 책은 구입하신 서점에서 교환해드립니다. 책값은 뒤표지에 표시되어 있습니다.

한빛미디어 홈페이지 www.hanbit.co.kr / **이메일** ask@hanbit.co.kr

지금 하지 않으면 할 수 없는 일이 있습니다.
책으로 펴내고 싶은 아이디어나 원고를 메일(writer@hanbit.co.kr)로 보내주세요.
한빛미디어(주)는 여러분의 소중한 경험과 지식을 기다리고 있습니다.

**데이터를
빠르고
효율적으로
분석하는 방법**

이야기로 배우는

구글
빅쿼리

Google
Big
Query

구도 마사토,
스즈키 다쓰히코,
우에노야마 아키라,
다카기 도모하루 지음
정인식 옮김

ⅢB 한빛미디어
Hanbit Media, Inc.

지은이·옮긴이 소개

지은이 구도 마사토
두 아이의 아버지, 풀스택 엔지니어(아직은 흉내 내는 수준)

지은이 스즈키 다쓰히코
인프라부터 애플리케이션까지 폭넓게 대응하는 엔지니어

지은이 우에노야마 아키라
장어를 좋아함, 빅쿼리를 지지하는 엔지니어

지은이 다카기 도모하루
애견가, 도심보다는 변두리를 좋아하는 엔지니어

옮긴이 정인식 insik8463@gmail.com

숭실대학교에서 전자계산학을 전공하고 현대정보기술 eBiz 기술팀에서 웹 애플리케이션 개발 및 B2B Marketplace 솔루션을 연구했다. 그 후 이동통신 단말기 분야로 옮겨 휴대폰 부가서비스 개발 업무를 담당했다.

일본에서는 키스코 모바일사업부 팀장으로 교세라의 북미향 휴대폰 개발에 참여했으며, 퇴직하고서는 일본 주요 이동통신사에서 업무 프로세스 개선을 위한 IT 컨설팅과 데이터 분석 관련 툴을 개발하고 있다. 옮긴 책으로는 『아파치 카프카』, 『배워서 바로 쓰는 스프링 부트 2』(이상 한빛미디어), 『자바 마스터 북: 기초에서 실무 응용까지』(제이펍)을 비롯해 10여 권이 있다.

지은이의 말

구글 클라우드 플랫폼(Google Cloud Platform, 이하 GCP)은 구글이 제공하는 클라우드 서비스다. GCP 사용자는 거대하고 강력한 구글의 인프라스트럭처를 합리적인 가격에 이용할 수 있다. 처음 계정을 생성하면 300불, 약 30만 원 상당의 크레딧을 12개월간 무료로 이용할 수 있으며 평가판 사용 기간 후에도 일부 제품은 무료로 이용할 수 있다.

빅쿼리(BigQuery)는 구글이 방대한 데이터를 효율적이고 빠르게 분석하기 위해 구축한 데이터 분석 플랫폼을 일반에 공개한 서비스다. 빅쿼리 내부에서는 Borg, Colossus, Jupiter, Dremel 등 구글의 독자적인 핵심 기술이 활용되고 있으며, 실행한 쿼리는 구글이 보유하고 있는 방대한 인프라 리소스 상에서 즉시 병렬 및 분산 처리된다.

그 처리 속도는 1,000억 행 데이터세트를 대화식으로 불과 수 초 만에 결과를 반환하는 수준이다. 요금 또한 다른 서비스와 비교하면 꽤 낮은 가격으로 설정되어 있으며 데이터의 암호화나 중복도 사용자가 의식할 필요가 없다.

또한 데이터 표시나 쿼리 실행 권한을 제어할 수 있으며, 다양한 언어의 클라이언트 라이브러리나 서드 파티 제품의 툴에서 REST API를 통해 쿼리를 실행한 후 데이터를 로딩하거나 시각화할 수 있기 때문에 안전하게 조직 내외부에 분석 정보를 공유할 수 있다.

이후의 장에서는 한 신입사원이 사내에 축적된 빅데이터와 악전고투하는 과정을 그린다. 구글 빅쿼리의 우수한 기능에 감동하면서 이를 이용해 문제를 해결해 나가는 과정과 분석 플랫폼으로써 이용하는 과정의 샘플 케이스를 통해 빅쿼리의 이용 방법을 구체적으로 해설해 나간다. 우선은 편안한 마음으로 각 사례를 즐기면서 등장인물들과 함께 빅쿼리와 관련 GCP 서비스들에 대해 깊이 이해해나가면 좋겠다.

2019년 10월
저자 일동

옮긴이의 말

IT 서비스를 이용하는 사람이라면 구글이 제공하는 서비스를 이용해 본 경험이 있을 것이다. 특히 검색 엔진인 구글과 유튜브, 메일 서비스는 하루에도 몇 번씩이나 이용하고 있어 이젠 우리 일상에서 빼놓을 수 없는 서비스다.

그렇다면 IT업계의 경우는 어떨까? IT업계에서는 구글 클라우드 플랫폼이 마이크로소프트의 Azure, 아마존의 AWS와 더불어 많이 사용되고 있는 클라우드 서비스로 알려져 있다.

이 책은 구글 클라우드 플랫폼에서 빅데이터와 관련된 서비스 중의 하나인 빅쿼리(BigQuery)를 소개한다. 그리고 실제 현장에서 일어나는 업무 요구사항을 예로 들어 빅쿼리와 GCP의 다양한 서비스를 활용해 문제를 해결해나가는 모습을 이야기와 해설로 풀어나간다. 업무 효율성과 다양한 확장성을 고려해 빅쿼리라는 서비스를 활용하는 과정을 살펴보다 보면 독자들도 한번 업무에 활용해보고 싶은 생각이 들 거라 생각한다.

이 책을 통해 구글이 지향하고 있는 빅데이터 처리의 트렌드가 무엇인지 다소나마 이해할 수 있길 바란다.

⚙ 감사의 말

먼저 이 책을 번역하게 해주신 하나님께 감사드린다.

이 책의 진행, 교정, 편집을 맡아 주신 한빛미디어 강승훈 편집자님과 홍성신 팀장님 그리고 출판 관계자분들, 정말 고생 많으셨다. 이 자리를 빌려 감사의 말씀을 전한다. 또한 역자의 부족함에 송구한 마음도 함께 전하고 싶다. 마지막으로 사랑하는 나의 아내와 하은, 시온에게도 이 책의 출간에 앞서 고마움을 전한다.

코로나19로 우리의 생활 방식이 크게 바뀌었다. 올해에는 우리 모두 건강히 잘 이겨내길 소망한다.

2021년 1월 말
일본 동경에서
정인식

이 책에 대하여

이 책은 구글 클라우드 플랫폼 프리미어 파트너인 주식회사 TOPGATE가 빅데이터 분석에서 주된 아키텍처로 채택하고 있는 구글 빅쿼리와 그 주변 서비스 활용 방법을 쉽게 배울 수 있도록 이야기 형식으로 내용을 정리한 것이다.

빅쿼리는 2011년에 기업용 빅데이터 분석 서비스로 프리뷰 버전이 공개되어 수억 건의 데이터에 대한 풀스캔 검색을 수초~수십 초로 반환할 수 있는 처리 능력을 보여줘 세간의 화제가 되었다. 당시만 해도 그런 거대한 데이터 집합을 분석하기 위해서는 여러 서버로 클러스터를 구축하고 일괄 처리로 몇 시간이나 실행할 필요가 있었다. 하지만 빅쿼리가 등장하면서 대규모 분산 쿼리를 서버 없이 누구나 손쉽게 실행할 수 있게 되었다. 그리고 빅쿼리는 표준 SQL 규격을 지원하기 때문에 데이터베이스를 이용한 경험이 있다면 누구나 빅데이터 분석을 시작할 수 있다. 또한 매월 10기가바이트 스토리지와 1테라바이트 쿼리가 무료라는 장점도 있어 인기가 높은 서비스다. 2018년에는 도쿄 리전에서도 사용할 수 있게 되어 일본에서 주목받고 있다.[1]

이 책에서는 페타바이트급 데이터세트 처리 리소스를 의식하지 않고 초고속으로 쿼리를 실행할 수 있는 완전 관리형 데이터 분석 플랫폼인 빅쿼리가 빅데이터 분석에 있어 기업의 다양한 요구사항을 충족하고 가상 시뮬레이션을 통해 해당 과제를 해결할 수 있다는 점을 알기 쉽게 독자들에게 설명한다.

이 책은 저자의 회사(TOPGATE)에 입사하는 신입사원의 입문서로도 활용할 것을 감안하여 작성했으므로, 클라우드를 활용한 데이터 분석에 익숙하지 않은 사람에게도 좋은 안내서가 될 거라 생각한다. 이 책이 독자 여러분과 여러분 회사의 생산성 향상에 도움이 되기를 바란다.

⚙ 대상 독자

이 책의 대상 독자는 다음과 같다.

- GCP를 이용한 빅데이티 분석 플랫폼 개발 방법을 배우고 싶은 사람
- GCP의 빅데이터 분석 플랫폼에 관한 기초를 배우고 싶은 사람

1　옮긴이_ 현재 서울 리전에서도 사용할 수 있다.

- 구체적인 빅쿼리 이용 방법을 배우고 싶은 사람
- 클라우드 개발 플랫폼으로 GCP를 검토 중인 사람

또한, 이 책은 다음 기본 지식을 갖고 있음을 전제로 한다.

- 데이터베이스 설계, 파일 전송에 관한 일반적인 지식
- 유닉스/리눅스 환경의 명령어 라인 조작에 관한 일반적인 지식
- Git/GitHub에 관한 기초적인 지식

⚙ 이 책을 읽는 법

이 책 전반부에서는 빅쿼리의 기본적인 사용법이나 지식을 배운다. 첫 번째 단계로 빅쿼리를 이용한 빅데이터 분석의 기초를 배울 수 있어 많은 도움이 될 것이다.

후반부에서는 빅쿼리로 어느 정도 개발 경험을 쌓은 사람이 실제 데이터 분석 플랫폼을 개발하는 데 필요한 요소를 익힐 수 있도록 실제 적용할 수 있는 기법을 구체적인 예와 함께 설명한다. 용어나 아키텍처에는 고급 내용이 포함되어 있으므로 어렵게 느껴진다면 하나하나 조사하면서 읽어 나가길 바란다.

목차

CHAPTER 01 등장인물 소개와 프로젝트 개요

CHAPTER 02 빅쿼리를 이용한 데이터 분석

CHAPTER 03 빅쿼리 기본 구조와 특징

CHAPTER 04 성능과 비용

CHAPTER 05 데이터 수집 자동화

CHAPTER 06 스트리밍 처리에서의 데이터 수집

등장인물 소개와
프로젝트 개요

시스템 개발 프로젝트는 다양한 요구사항으로부터 시작한다.

최근 기업이나 시장의 요구에 적절하게 대응하기 위해 클라우드를 도입하는 사례가 매년 증가하고 있다.

이 책에서는 클라우드 플랫폼, 그중에서도 급격한 성장과 함께 많은 관심을 받고 있는

Google Cloud Platform(GCP)을 이용한다.

GCP를 이용한 클라우드 개발을 개성 넘치는 등장인물들과 함께 배워보자.

1.1 빅데이터 활용 프로젝트 시작

"휴우"

아직 아무도 출근하지 않은 이른 아침, 나는 회사 로비에서 큰 한숨을 내쉬었다. 마케터를 목표로 취미 상품을 판매하는 회사에 입사한 것은 겨우 몇 달 전이다. 내 기억으론 분명 마케팅 부서에 지원했는데 이력서 자기소개란에 적은 약간의 IT 관련 업무에 대한 의욕을 높게 평가했는지, 지금은 상품판매 부서에 배치돼 판매관리시스템 운용과 유지보수 업무를 담당하며 바쁜 하루하루를 보내고 있다.

"뭐, 데이터를 살펴보는 것도 재미있긴 한데..."

이제서야 간신히 사용하는 데 익숙해진 애플리케이션에 명령어를 실행하고 난 뒤 읽고 있던 기술서를 펼쳐 들었다. 오늘 업무는 마케팅 부서 의뢰로 판매 실적 데이터에서 특정 조건에 해당하는 데이터를 추출해달라는 업무다. 요즘 SNS 마케팅 전략이 먹혀들었는지 거래되는 상품 종류나 양이 꽤 극적으로 증가해서 데이터를 추출하는 데 꼬박 하룻밤을 다 보냈다. 쉬는 시간에 읽는 기술서도 이번 달에만 벌써 2권째이고 이 책도 분명 오늘 중에는 다 읽을 것 같다.

"데이터를 살펴보는 데 하루나 걸리다니. 최신 IT 기술에 뒤처진 것 같아 앞으로 걱정이군."

기술도 패션도 급격히 변화하는 요즘, 명령어 실행 결과 하나에 이렇게 오랫동안 기다려야 하는 지금의 상황은 솔직히 짜증 난다. 앞서 실행한 명령어에 혹 실수가 있어 관련 부서에 사과해야 하는 일이 벌어질 수도 있다. 하지만 지금으로서는 결과가 나올 때까지 문제가 있는지 확인할 방법은 없다.

"클라우드 데이터 웨어하우스 구축이라고요?"

나는 다물어지지 않는 입을 황급히 닫고 선배에게 되물었다.

"응, 내가 예전부터 부장님에게 말했던 클라우드 데이터 분석 플랫폼 제안이 드디어 승인 났대. 그러니 우리 둘이 내일부터 바로 착수하자고!"

의기양양하게 대답하는 선배가 조금 의심스러웠지만, 클라우드라는 단어는 정체 중인 지금의 내 현실에 매력적으로 들렸다.

"그러고 보니 사보에 다른 부서에서 클라우드 활용에 성공했다는 기사가 나왔던 것 같아요."

나는 사내 인트라넷에서 크게 다룬 기사를 떠올렸다. 애플리케이션 구축 플랫폼에 클라우드를 채택하여 업무 효율화와 비용 절감에 성공했다는 내용이었다. 지금은 대부분 시스템을 클라우드에서 동작시키고 있다는 기사로 기억한다.

"맞아, 그러니까 우리 부서도 질 수 없지. 게다가 너의 경력에도 중요한 안건이라고."

"제 경력에도 관련 있다고요?"

생각지도 못한 말에 나는 눈을 크게 떴다.

"사내 빅데이터를 잘 활용하면 너에게도 새로운 길이 열릴지도 몰라. 다양한 분석에 대응이 가능한 BI^{Business Intelligence}와도 간단히 연계할 수 있는 빅쿼리^{BigQuery}라는 서비스가 있으니 이제부터 함께 공부해보자."

'새로운 길? 빅쿼리?'

선배의 속사포 같은 말에 여러 물음표가 머릿속에 떠올랐지만, 지금 화제가 되고 있는 클라우드나 빅데이터라는 말에 가슴이 요동치고 있음을 느꼈다. 잘은 모르지만 클라우드나 빅데이터는 우리 팀과 나 자신을 분명 좋은 방향으로 이끌어갈 것 같았다. 새로운 것에 대한 기대와 불안은 컸지만 이상하게도 그런 기분이 들었다.

"선배님, 모르는 것이 너무 많지만 이제부터 잘 부탁드립니다!"

모르는 것은 일단 머릿속 한편에 제쳐두고 타고난 긍정적인 생각으로 크게 대답했다. 이렇게 나와 선배의 클라우드 데이티 분석 플랫폼 개발이 시작됐다.

1.2 등장인물 소개

이 책의 등장인물을 소개한다.

▼ 신입사원(나)

대학교를 갓 졸업한 신입사원으로 판매관리시스템 운용 및 유지보수 업무를 담당하는 상품판매 부서 소속이다. 프로그래밍 지식은 없지만 데이터베이스와 SQL 기초 정도는 알고 있다. 취미는 윈도쇼핑이다.

▼ 선배

입사 6년 차 28세 여사원. 구글을 좋아해서 GCP를 개인적으로 사용하고 있으며 가장 좋아하는 서비스는 빅쿼리다. 이번 클라우드 데이터 분석 플랫폼 개발을 제안한 장본인이다.

▼ 부장

점포 점장에서 본부 상품판매 부서장까지 승진한 자수성가형. 사내 빅데이터를 제대로 활용할 수 없다는 점이 평소 불만이었다. 그러던 참에 타부서의 클라우드 활용을 계기로 클라우드 데이터 분석 플랫폼 도입을 결정했다.

엔지니어의 길을 걸어가던 신입사원 앞에 갑자기 클라우드라는 거대한 벽이 나타났다. 과연 아무것도 모르는 신입사원이 클라우드 데이터 웨어하우스를 제대로 활용할 수 있을까? 이제부터 그녀와 함께 구글 클라우드 데이터 분석 플랫폼을 배워보자.

데이터 분석 요구사항 정하기

자, 우선 데이터 분석 플랫폼 설계를 시작하기 전에 데이터를 분석하기 위한 요구사항을 정해보자.

요구사항이라고 하셨는데 어떻게 진행하면 좋을까요?

네가 마케팅 부서에서 종종 의뢰받은 데이터 추출 업무 있잖아, 그때 사용했던 데이터와 조건을 나열해봐. 우선 작게 시작할 거니까 필요 최소한의 데이터만 데이터 분석 플랫폼에서 사용하자고.

네, 알겠습니다!

선배님, 대상 데이터를 다 뽑았어요. 검토해주시겠어요?

어, 수고했어. 그럼 함께 필요한 데이터를 조사해볼까?

검토 실시

검토해주셔서 감사합니다. 제 나름대로 필요한 것만 뽑았다고 생각했는데 훨씬 단순하게 됐네요.

그러네. 그 이유에 대해서 간단히 설명해줄까?

관련 시스템 및 분석 대상 데이터

◆ 판매 관리 레거시 시스템
- ● 점포/상품 마스터
  - · 상품 데이터
  - · 점포 데이터
  - · 부서 데이터
- ● 매출/구매관리(이번에는 대상 외로 한다)
  - → 매출 명세
- ● 재고/입출고 관리(이번에는 대상 외로 한다)
  - → 점포별 재고 정보

◆ POS시스템
- ● 부서ID-POS데이터
  - · 매출 일시
  - · 상품 정보
  - · 매출 개수
  - · 매출 금액
  - · 점포 ID
  - · 회원 ID

◆ EC 사이트(이번에는 대상 외로 함)
- ● 액세스 로그
- ● 회원 정보

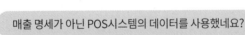
네가 자주 의뢰받은 집계는 점포마다 상품 매출이 높은 순서로 나열된 ABC 분석이어서 분석 대상을 POS데이터 관련 마스터로 한정시켰어.

매출 명세가 아닌 POS시스템의 데이터를 사용했네요?

너도 알다시피 POS시스템에서 날마다 2번 데이터가 송신되고 당일 야간에 매출 DB가 갱신돼. 그러니 POS시스템에서 생성된 데이터를 직접 데이터 분석 플랫폼으로 보낸다면 매출 명세 갱신을 기다릴 필요 없이 바로 집계 작업을 진행할 수 있고 출력의 번거로움도 줄일 수 있어.

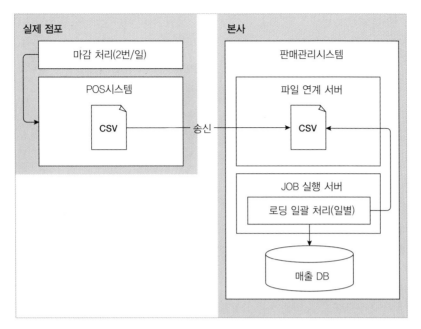

그림 1-1 POS시스템 매출 데이터 연계

 점포 마감 처리와 매출 DB 갱신까지의 시간차가 늘 문제였으니까요.

가능한 한 빨리 분석해서 신속하게 의사결정하는 것이 비즈니스 기회로 이어지지.

 요구사항 정의 단계부터 이미 효율성을 고려한 접근이 시작된 거네요.

그래, 맞아. 재고 정보나 EC사이트의 로그는 추출 빈도가 적은 것 같아서 이번에는 대상에서 제외했지만 제대로 검증되면 분석 대상으로 포함하도록 하자. 그럼, POS데이터의 로딩 일괄 처리 프로그램에 관한 내용은 다시 한 번 확인해두도록 해.

 네, 알겠습니다!

데이터 분석 요구사항 정의도 일반적인 시스템 개발 요구사항 정의와 마찬가지로 5W1(2)H[1]를 파악해서 정리한다. 조금 전 대화 내용에서 사내 엔지니어가 어느 정도 재량을 갖고 데이터 분석 플랫폼 구축을 진행하고 있지만 데이터를 제공하는 곳과 활용하는 곳이 서로 다를 경우 각 이해관계자와 합의가 필요하다. 이 책에서는 시스템 개발 공정에 대해 자세히 설명하지 않지만 일반적으로 데이터 분석 플랫폼을 구축하는 데 있어 그 결과가 나타날 때까지 중요 요구사항이 확정되기 어렵다. 그래서 처음부터 완벽을 추구하기보다 대상 데이터의 범위를 너무 확장하지 말고 작게 만들어 키우는 방침으로 진행하는 것이 좋다.

데이터 분석 플랫폼 구축에서 기존 마이그레이션과 신규 구축은 요구사항이 서로 다르다. 하지만 빅쿼리의 경우 자사 리소스에서는 실현하기 어려운 가용성, 성능, 확장성 등의 사양이 준비되어 있어서 어느 쪽이라도 비용을 줄이면서 요구사항에 맞는 데이터 분석 플랫폼을 구축할 수 있다.

단, 다른 클라우드 서비스도 마찬가지지만 클라우드 컴퓨팅은 특성상 리소스가 가상의 공유 리소스이므로 사용자가 무제한으로 리소스를 사용할 수 있다는 뜻은 아니다. 그러므로 사용할 수 있는 리소스의 할당량이나 제한사항은 가능한 한 사전에 확인해두자. GCP에서는 공식 문서의 '할당량과 한도' 또는 콘솔의 'IAM 및 관리자' > '할당'에서 리소스 한도를 브라우저로 확인할 수 있다.

또한 가용성 요구사항에서 시스템 가동률을 엄밀히 정의할 때는 이용하고자 하는 서비스의 SLA^{Service Level Agreement}(서비스 수준 협약)를 잘 이해하는 것도 중요하다. SLA란 서비스 사업자가 제공하는 서비스 품질 수준을 이용자와 합의하기 위한 문서이며 클라우드에서는 서비스의 가동률로 명시된다.

가동률은 절대적으로 약속을 보장하는 것은 아니므로 수준 미달의 경우 이용자에게 어떠한 형태로든 보상해야 한다. GCP는 구독 요금 환불이나 무료 기간 추가 등을 보상으로 주는 경우가 있다. 단, α 버전이나 β 버전의 서비스나 기능은 SLA가 설정되어 있지 않은 경우가 많으므로 주의가 필요하다(참고로 집필 시점에서 빅쿼리의 SLA에 기재되어 있는 가동률은 99.9%다).

GCP의 다운타임이나 다운타임 기간 정의는 서비스에 따라 다르므로 각 서비스의 SLA를 참조하길 바란다.

---

1 5W1H는 육하원칙으로 who(누가), when(언제), where(어디서), why(왜), what(무엇을), how(어떻게)를 뜻하며 5W2H는 5W1H에 how much(얼마나)를 추가한 개념이다.

Chapter

2

빅쿼리를 이용한 데이터 분석

분석 대상 데이터를 정했다면 이제 빅쿼리를 사용해보자.

SaaS 형태의 완전 관리형 서비스fully managed service인 빅쿼리는 당장이라도 분석 작업을 시작할 수 있다.

각종 서비스와 결합하여 손쉽게 빅데이터를 빅쿼리로 가져올 수 있고 분석 결과를 그래픽으로 시각화할 수 있다.

BigQuery

Chapter **2** 빅쿼리를 이용한 데이터 분석

2.1 빅쿼리 사용하기

 GCP 프로젝트는 사용할 수 있게 됐지?

네, 빅쿼리의 콘솔 화면이 단순해서 그런지 지금 사용하고 있는 DB 관리 툴과 비교해도 위화감이 없네요.

 빅쿼리는 서버리스 아키텍처[1]라서 데이터를 추가하는 것만으로 바로 빅데이터 분석을 시작할 수 있어. 공개된 무료 데이터도 있으니까 어떤 게 있는지 조사해보는 것도 좋을 거야. 다만...

다만?

 다만, 빅쿼리는 쿼리로 처리된 데이터의 합계 용량으로 요금이 결정되는데 공개 데이터세트는 모두 빅데이터라서 다룰 때 주의해야 해. 웹 UI로 쿼리를 입력하면 읽어 들일 데이터의 용량을 확인할 수 있으니까 실행 전에 반드시 확인해야 해.

그렇군요. 조심하겠습니다.

 만약을 대비해 내가 하루에 처리할 수 있는 쿼리 데이터양의 한도를 설정했으니 혹시나 하는 일은 없을 거야.

빅쿼리에는 그런 설정도 있군요.

---

1 인프라 리소스 용량이나 유지보수 관리를 의식할 필요 없는 아키텍처

분명 빅쿼리의 쿼리 비용은 주의해야 하지만 매월 1테라바이트를 무료로 이용할 수 있으니까 이번 프로젝트에서는 최대한 사용해보자고.

네!

2.1.1 빅쿼리 콘솔 화면

먼저 빅쿼리 콘솔 화면을 열어보자. GCP 콘솔 화면의 내비게이션 패널에서 빅데이터 구분에 있는 BigQuery를 선택한다.

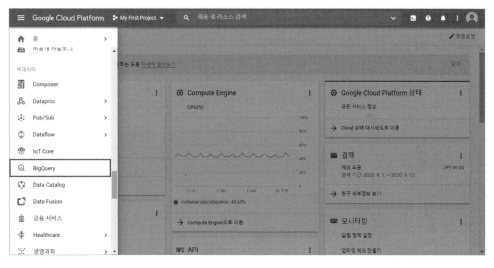

그림 2-1 GCP 콘솔 화면

빅쿼리 콘솔 화면 왼쪽에 내비게이션 패널이 있다. 각종 기능에 대한 링크와 리소스 섹션에 프로젝트들이 나열된다. 오른쪽 중앙에는 리소스에 맞는 세부정보 패널이 표시된다. 예를 들어 리소스 섹션에서 프로젝트를 선택한 상태라면 데이터세트 작성이나 프로젝트 조작을 선택할 수 있다. 데이터세트를 선택한 상태가 되면 테이블 작성이나 데이터세트 조작을 선택할 수 있다.

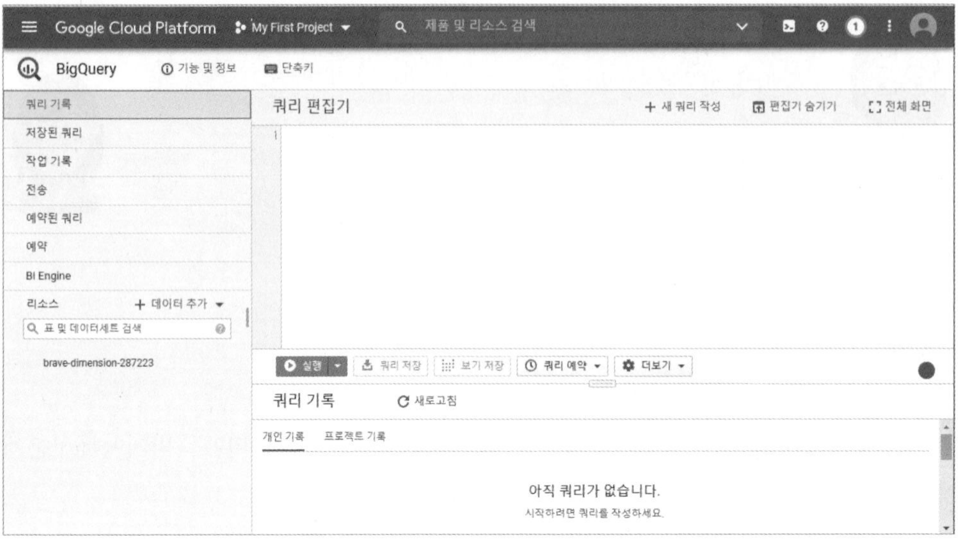

그림 2-2 빅쿼리 콘솔 화면

프로젝트를 선택한 상태에서 세부정보 패널에 있는 [프로젝트 고정]을 클릭하면 프로젝트를 전환해도 리소스 섹션에 계속 표시된다. 여러 프로젝트를 리스트로 살펴보는 것도 가능하므로 프로젝트를 전환하는 수고가 줄어든다.

쿼리 편집기에서는 SQL 쿼리를 입력하여 실행 버튼을 누르면 아래쪽에 결과가 표시된다.

일반 공개 데이터세트라고 불리는 데이터는 구글이 보관하는 공개 데이터로 사용자가 곧바로 데이터를 분석할 수 있도록 준비해둔 것이다.

시험 삼아 다음 SQL을 쿼리 편집기에 입력하여 실행하고 그 결과를 살펴보자. 사용할 데이터는 2016년 포스트시즌 MLB 피치별 데이터다.

```sql
SELECT
  pitchTypeDescription,
  COUNT(*) AS count
FROM
  `bigquery-public-data.baseball.games_post_wide`
GROUP BY
  pitchTypeDescription
ORDER BY
  count DESC
```

그림 2-3 쿼리 결과

쿼리 결과 화면에서 빅쿼리의 쿼리 실행에 관한 다음 정보를 읽을 수 있다.

표 2-1 쿼리 결과에 표시되는 정보

스캔 대상 데이터양(예측값)	76.8KB
스캔 대상 데이터양(실적값)	76.8KB
처리 시간	0.8초
건 수	11건

쿼리 결과를 파일로 보관하거나 나중에 언급할 데이터 포털이라는 서비스로 열어 볼 수 있다.

보관 장소로는 다음 항목을 선택할 수 있다.

- 빅쿼리 테이블
- 구글 스프레드시트
- 구글 드라이브
- 로컬에 다운로드(CSV 등 로컬 파일)
- 클립보드에 복사

쿼리 결과를 빅쿼리 테이블로 보관하고, 그 테이블에서 다시 쿼리를 실행하여 다른 빅쿼리 테이블로 보관하는 식의 조작은 자주 사용하므로 익숙해지도록 하자.

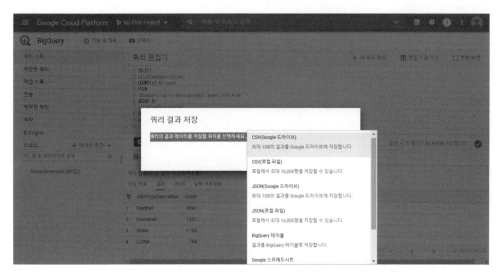

그림 2-4 쿼리 결과 저장

내비게이션 패널의 쿼리 기록에서 자신과 프로젝트 전체의 쿼리 기록을 참조할 수 있다. 이전에 실행한 쿼리라면 여기서 찾아 편집기에서 쿼리 열기를 클릭해서 다시 이용할 수 있다.

그림 2-5 쿼리 기록

쿼리 기록은 일정 기간(6개월) 및 일정 건수(1,000개)를 넘으면 기록에서 삭제된다. 삭제되면 안 되는 쿼리나 정기적으로 기록에서 찾아 실행하고 싶은 쿼리가 있다면 '쿼리 저장'으로 이름을 정해서 보관하면 편리하다.

보관한 쿼리는 링크 공유를 통해 URL로 공유할 수 있고 프로젝트 단위로 공유하는 기능도 있으므로 여러 사람이 공유할 수 있는 쿼리를 보관해두면 편리하다.

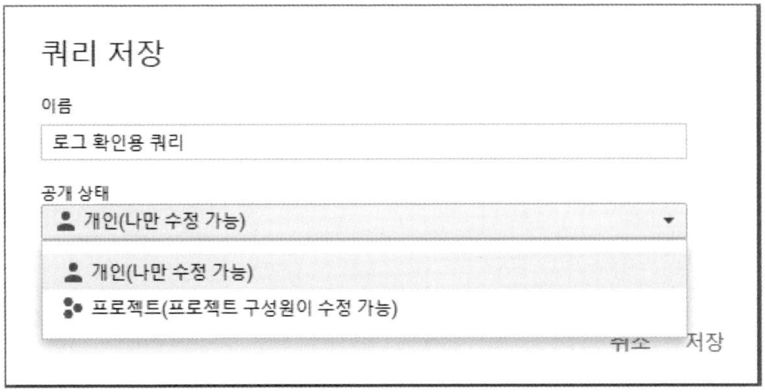

그림 2-6 쿼리 저장

어디까지나 보조 기능이므로 잘못된 조작으로 지워지면 곤란한 중요 쿼리는 별도로 파일을 만들어서 버전 관리하자.

2.1.2 쿼리 가능한 데이터양 한도 설정

빅쿼리는 사용량에 따라 비용을 지불하고 이용하는 서비스다. 비용에 대해서는 나중에 언급하겠지만 사용량에 문제가 발생하지 않도록 제한할 수 있는 기능이 있어 소개한다.

GCP에는 할당Quota이라는 설정이 있어 프로젝트에서 사용할 수 있는 GCP 리소스의 한도가 설정되어 있다. 사용자가 의도하지 않은 상황에서 막대한 리소스를 사용하는 실수를 줄일 수 있다. 더불어 구글의 리소스를 사용자들과 공유하는 서비스의 경우 특정 사용자의 실수가 다른 사용자의 서비스에 악영향을 주지 않도록 하는 목적도 있다.

할당 중에는 빅쿼리에서 쿼리할 데이터양에 대한 설정이 다음과 같이 존재한다.

- Query usage / 일
- Query usage / 일 / 사용자

기본 설정은 한도가 무제한으로 되어 있다.

개인이 시험 삼아 이용하고 있는 GCP 환경에서 1테라바이트/일로 설정하면 US 리전 환산으로 5달러 정도의 비용이 되므로 안심하고 사용할 수 있다. 한도에 근접하게 되면 상황에 따라 조금씩 할당을 올리면 된다.

실제 운용 환경이나 검증용 환경에서는 한도에 이르렀을 때 할당을 올릴지, 계산을 통해 올릴지는 각 상황에 따라 사용하면 된다. 검증용 환경은 성능 테스트, 실제 운용 환경은 돌발적인 고부하 시에 주의가 필요하다.

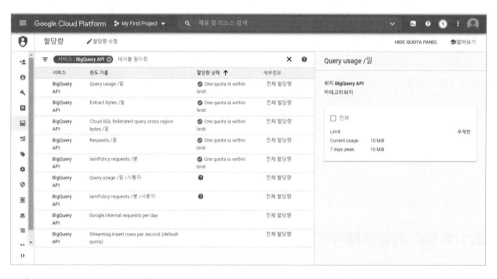

그림 2-7 BigQuery API에 관한 할당

2.2

데이터 로딩

선배님, 점포 마스터와 상품 마스터를 출력하는 일괄 처리 프로그램의 설계서를 만들었습니다.

그래? 근데 설계서에 문자 인코드가 없는 것 같은데 출력 파일은 어떤 형식으로 인코딩할 거지?

죄송합니다. 인코드를 기재하는 걸 빠뜨렸네요. 데이터베이스의 문자 인코드를 그대로 사용하려고 했으니까 EUC-KR이네요.

CSV 파일을 빅쿼리에 임포트하기 위해서는 UTF-8로 변환할 필요가 있으니 인코드 처리도 추가해줘.

그렇군요. 알겠습니다.

나는 작업 관리 시스템 설정과 빅쿼리 테이블 설계서를 작성했어.

이번 데이터 포맷은 CSV인데 빅쿼리는 다른 포맷도 지원하고 있나요?

POS시스템에서 보낸 데이터 포맷이 CSV여서 이번에는 CSV로 했지만 빅쿼리는 CSV 외에도 JSON, Avro, Parquet, ORC도 지원하고 있어.

여러 형식이 있는 것 같은데 추천하는 형식이 있나요?

빅쿼리에서 읽을 거면 Avro 형식이 가장 적합해. Avro는 데이터형도 자동으로 변환되니까 형식을 지정할 필요도 없지.

지금 설계서에 쓰인 빅쿼리의 데이터형과 매핑이 불필요하다는 점은 좋네요.

하지만 대부분 CSV로 보내는 일이 많아. Avro는 처음부터 빅쿼리와의 연계를 가정한 시스템이나 어떻게 해서든 로딩 성능을 개선할 필요가 있을 때 검토하는 형태라고 생각해.

네, 데이터 연계는 아무래도 기존 구성에 좌우되겠네요.

그렇지. 하지만 처음부터 단념하는 것보다는 효율적인 방법을 적극적으로 제안하는 것도 중요하다고 생각해.

2.2.1 데이터 준비

파일에 있는 데이터를 빅쿼리로 읽어 들이려면 파일을 GCS^{Google Cloud Storage}, 로컬 PC(업로드할 파일 크기에 제한 있음), 구글 드라이브 중 하나에 올려둔다.

파일 형식은 CSV(쉼표 구분, 탭 구분 등), JSON(줄바꿈 구분), Avro, Parquet, ORC를 지원하고 있다. 인코드는 UTF-8이다. ISO-885901 형식도 지정할 수 있지만 내부에서 UTF-8로 변환된다.

CSV 형식의 경우 헤더 행의 지정, 인용부호의 지정, 인용부호에 둘러싸인 줄바꿈 문자의 허가, 필드 구분 문자의 지정, null 치환 값, 열이 부족한 행의 취급 같은 옵션이 준비되어 있다. 단, 이러한 옵션을 사용해도 읽을 파일 형식에는 한계가 있어 미리 가공해야 하는 경우도 있다.

이번에 준비하는 파일은 다음 형식에 따른다고 가정한다.

표 2-2 준비하는 파일 형식

파일 형식	CSV(쉼표 구분)
인코드	UTF-8
압축	안 함
헤더 행	있음, 첫 번째 행
인용부호	문자열은 따옴표로 둘러싼다.
문자열 내의 따옴표	따옴표 2개

우선 기본 조작으로 데이터세트와 테이블을 작성해보자.

2.2.2 데이터세트 만들기

데이터세트란 빅쿼리 안에서 테이블, 뷰, 기능 등의 소스를 그루핑해서 관리하기 위한 기능
이다. 데이터세트는 반드시 하나의 프로젝트에 속한다.

빅쿼리의 콘솔 화면에서 왼쪽의 내비게이션 패널에 있는 프로젝트명을 클릭하고, 세부정보
패널에서 데이터세트 만들기를 클릭한다.

다음 설정값을 입력하여 데이터세트 만들기를 클릭한다.

표 2-3 데이터세트 작성 설정

데이터세트 ID	import
데이터 위치	기본값
기본 테이블 만료	사용 안 함(기본값: 60일)

이렇게 데이터세트를 작성했다. 내비게이션 패널에서 데이터세트를 선택하고 정보를 살펴
보자.

화면에서 작성일시나 데이터 위치 등 데이터세트의 정보를 확인할 수 있다. 또한 설명, 라벨,
기본 테이블 만료를 편집할 수 있다.

그림 2-8 데이터세트 정보

설명에 데이터세트에 관한 정보(예를 들어 임포트 영역, 일시적인 영역 등)를 넣으면 처음 데이터세트를 살펴보는 사람도 데이터세트의 역할을 바로 이해할 수 있다.

라벨에는 Key-Value 형식으로 값을 설정할 수 있다. 개발 환경이나 실제 운용 환경 등 환경 정보를 부여하거나 데이터세트 수가 증가했을 때를 위해 분류해두면 리소스를 검색할 때 라벨 단위로 검색할 수 있어서 편리하다.

기본 테이블의 만료는 설정 이후 데이터세트에 작성된 새로운 테이블이 지정한 일수가 경과하면 자동으로 삭제되도록 기한을 설정한다. 예를 들어 일시적인 작업용 데이터세트나 사내 전개 시에 자유롭게 테이블을 작성해도 되는 데이터세트에 설정해두면 불필요한 테이블이나 누가 만든 것인지 모르는 테이블을 자동으로 청소할 수 있다.

이를테면 데이터를 축적하기 위해 만든 데이터세트에 유효기한을 설정한다고 하자. 작성된 후 3년이 지난 테이블을 자동 삭제하고 싶다면 빅쿼리만으로도 실현할 수 있다. 미처 의식하지 못한 상태에서 데이터가 사라지는 것은 무서우니 명시적으로 지워야 한다는 생각을 갖고 있는 사람도 있으므로 다양한 의견을 검토 후에 설정하도록 한다.

화면에도 주의사항을 표시하고 있는데 설정을 변경해도 기존 테이블에는 영향이 없으므로 주의하기 바란다. 설정 이후에 만들어진 테이블에만 유효하다.

위치란 데이터를 보관하는 지리적인 장소를 말한다. 로스앤젤레스(us-west2)나 서울(asia-northeast3) 등 특정 지리적인 장소를 지정하는 '리전(Region)'과 US나 EU 등 2개 이상의 지리적인 장소를 포함하는 지역(Area)을 지정하는 '멀티리전(Multi-Region)'이 있다.

위치는 데이터세트를 작성한 후에는 변경할 수 없다. 변경하고 싶은 경우 변경하려는 위치에서 새롭게 데이터세트를 작성하고 데이터세트를 복사하는 기능(집필 시점에는 베타 버전)을 사용해서 리소스를 이행한다.

또한 하나의 쿼리는 반드시 동일 위치에 있는 테이블을 참조해야 한다. 기본적으로 US 멀티리전을 기본으로 검토하는 것을 추천한다. 회사 클라우드 이용 방침으로 국내에 데이터를 보관해야 하는 경우나 US와 한국 리전의 차이가 신경 쓰일 정도의 요구사항인 경우 한국에 있는 리전(서울)도 검토한다.

또한 US 멀티리전 이외의 위치를 선택하는 경우에는 빅쿼리의 다양한 조작을 실시할 때 명시적으로 위치를 지정할 필요가 있다. 공식 문서에는 다음 내용이 기재되어 있다.

▼ 위치 지정

> BigQuery는 데이터를 로드, 쿼리 또는 내보낼 때 요청에서 참조된 데이터세트를 토대로 작업을 실행할 위치를 결정합니다. 예를 들어 쿼리가 asia-northeast1 리전에 저장된 데이터세트의 테이블을 참조하는 경우 쿼리 작업은 해당 리전에서 실행됩니다. 쿼리가 데이터세트에 포함된 테이블 또는 다른 리소스를 참조하지 않으며 제공된 대상 테이블이 없는 경우 쿼리 작업은 프로젝트의 정액제 예약 위치에서 실행됩니다. 프로젝트에 정액제 예약이 없는 경우 작업은 US 리전에서 실행됩니다. 2개 이상의 정액제 예약이 프로젝트와 연결되어 있는 경우 슬롯이 가장 많은 예약 위치에서 작업이 실행됩니다.
>
> (출처: https://cloud.google.com/bigquery/docs/locations?hl=ko#specifying_your_location)

정액 요금 계약이 아닌 경우(대부분 사용자에 해당), 대상 작업이 존재하지 않는다는 메시지가 나오면 의도하지 않게 US 멀티리전을 참조하고 있을 가능성이 있다. 예를 들어 서울 리전에서 실행한 작업의 결과를 살펴볼 때 단순히 작업 ID를 지정해서 실행하면 Not Found가 된다.

```
bq show -j [작업ID]
BigQuery error in show operation: Not found: Job
[project-id]: bqjob_이하 생략
```

작업 결과를 보려면 위치 지정을 추가하여 실행해야 한다.

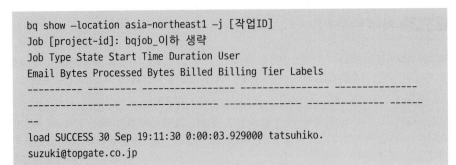

```
bq show –location asia-northeast1 –j [작업ID]
Job [project-id]: bqjob_이하 생략
Job Type State Start Time Duration User
Email Bytes Processed Bytes Billed Billing Tier Labels
---------- --------- ----------------- ---------------- ----------------
---------------- ----------------- -------------- -------------- ------
--
load SUCCESS 30 Sep 19:11:30 0:00:03.929000 tatsuhiko.
suzuki@topgate.co.jp
```

이런 부분은 US 멀티리전 이외의 위치를 사용하고 있는 사용자도 많으므로 향후 개선될지는 모르겠지만 이런 부분도 알아두는 것이 좋다.

※ bq 명령어는 나중에 설명

2.2.3 테이블 만들기

테이블에는 행과 열로 정의된 데이터를 보관한다. 각 열은 열명, 데이터형, NULL 허용 여부, 설명으로 구성된다.

테이블은 데이터가 없는 빈 테이블로도 만들 수 있고, 데이터 로딩 결과를 사용해서도 작성할 수 있다.

여기서는 매출 POS데이터가 들어간 CSV 파일로 테이블을 작성한다.

표 2-4 매출 POS데이터의 CSV 파일

sales_number	sales_datetime	store_code	customer_code	item_code	sales_price	···
1625	2019/07/22 12:34:56	26217	2728336234	521097506	1650	···
2645	2019/07/23 8:07:21	26217	2728336234	1056014885	3300	···
3134	..	..	..	..	..	..

빅쿼리 콘솔 화면에서 앞서 작성한 import 데이터세트를 클릭해 세부정보 패널에 있는 테이블 만들기를 클릭한다.

다음의 설정 값을 입력하여 테이블 만들기를 클릭한다.

표 2-5 테이블 작성 설정

소스	업로드
다음 항목으로 테이블 만들기	(참조로부터 파일을 선택)
파일 형식	CSV
프로젝트명	(디폴트)
데이터세트명	import
테이블명	sales
스키마 자동 감지	체크함
파티션 및 클러스터 설정	파티션 없음
쓰기 환경설정	비어 있으면 쓰기
허용되는 오류 개수	0
알 수 없는 값 무시	체크하지 않음
필드 구분 기호	쉼표
건너뛸 헤더 행	1
따옴표 안에 줄바꿈 허용	체크하지 않음
불균일 행 허용	체크하지 않음
암호화	Google 관리 키

이것으로 sales 테이블을 만들었다. 스키마 자동 감지를 체크하였으므로 데이터 내의 일부 행을 보고 데이터형을 판단해서 설정한다.

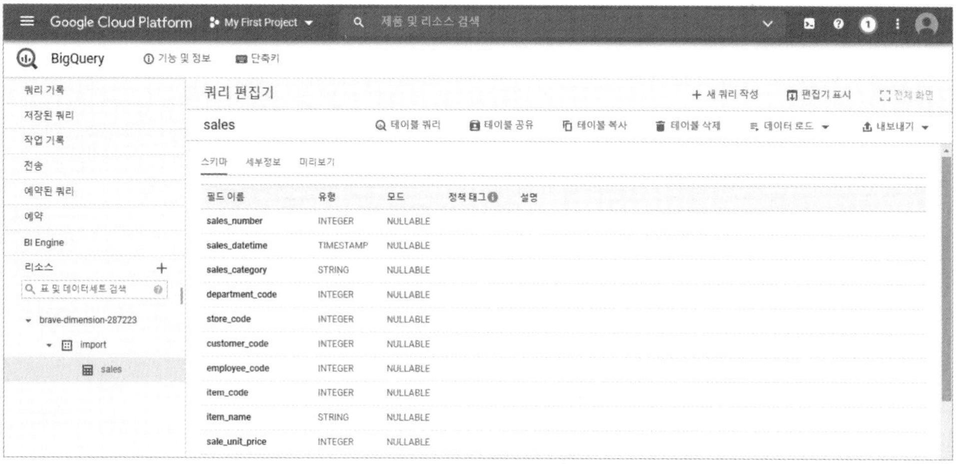

그림 2-9 sales 테이블의 스키마 정의

테이블 크기, 행 수, 데이터 위치를 확인할 수 있다. 데이터세트 화면과 마찬가지로 테이블에
대한 설명, 라벨, 테이블 유효기한을 설정할 수 있다.

그림 2-10 sales 테이블 세부정보

sales 테이블을 검색하는 SELECT 쿼리를 실행하지 않고 미리보기 화면에서 테이블의 데이
터를 확인할 수 있다. 미리보기 화면에서 볼 때는 쿼리 요금이 발생하지 않는다.

그림 2-11 sales 테이블 미리보기

2.3 데이터 가공

 빅쿼리로 로딩 처리도 다 되었으니 이제 데이터 분석 플랫폼 구축이 막바지네요.

무슨 소리야, 아직 빅쿼리에서 해야 할 일이 남았는데.

 그래요?

기존 데이터 분석 플랫폼은 데이터 용량에 제한이 있어 그다지 고급 기능을 사용할 수 없었지만, 이제는 클라우드 데이터 분석 플랫폼이니 클라우드 장점을 더욱 활용해야지.

 그 말씀은?

새로운 일괄 처리 프로그램으로 데이터를 로딩한 후에 데이터를 좀 더 가공한 중간 테이블을 만들어보자. 분명 집계 처리에 걸리는 계산량산량을 크게 절약할 수 있을 거야.

 과연 그렇겠네요. 빅쿼리에서 미리 분석하기 쉽게 가공한 테이블을 만들어두면 더 빨리 분석 결과를 얻을 수 있다는 말이죠?

온프레미스 환경과 같이 유한한 데이터베이스라면 리소스를 마음껏 사용할 수 없으니까 테이블을 동적으로 작성하는 것이 어렵겠지만 클라우드라면 리소스 부족을 고민할 필요가 없지.

지금까지는 일괄 처리 프로그램의 실행 시각이나 스토리지 용량에 제약이 많았는데, 데이터 가공 툴로도 활용할 수 있는 빅쿼리의 위력을 이제 알 것 같아요.

그렇지? 게다가 빅쿼리는 테이블 안의 데이터가 90일간 편집되지 않으면 그 테이블의 스토리지 요금이 50% 정도 자동으로 할인되니까 보관 비용도 비교적 저렴해.

데이터를 보관하기 위한 스토리지와 분석을 위한 계산 리소스 모두를 일일이 신경 쓰지 않아도 된다는 점이 정말 좋네요.

물론 비용 대 성능비를 극대화하기 위해서는 의식하면서 사용해야겠지만 직접 운용하는 것보다 압도적으로 비용 대 성능비가 우수한 건 확실해.

빅쿼리로 읽은 데이터 가공은 SELECT 쿼리를 실행하고 결과를 새로운 테이블로 보관함으로써 구현한다. 새로운 테이블로 보관하는 방법은 Destination Table을 지정하는 방법과 CREATE TABLE AS SELECT 쿼리를 실행하는 방법이 있다. 여기에서는 Destination Table을 지정하여 결과를 테이블로 보존한다.

가공 내용으로는 코드에 대한 명칭이나 부서에 대한 사업부 정보 등 분석에 필요한 마스터 정보를 부여한다.

Column **실제 데이터 가공**

실제 현장에서 다루는 데이터라면 이외에도 다양한 가공이 필요할 수 있다. 예를 들어 열 이름 변경, 불필요한 열 삭제, 계산 결과 열 추가, 코드값 변환, 잘못된 값 클렌징 등이 있다. 열의 추가, 변경, 삭제 정도라면 테이블 상에서도 대부분 해결할 수 있다.

값의 가공은 데이터를 살펴보면서 개선해가는 꾸준하고 지루한 작업이지만 매우 중요한 공정이다.

마스터 정보도 동일하게 테이블 작성을 마쳤다면 다음 쿼리를 입력한다.

```
SELECT
  sales_number,
  -- TIMESTAMP(투입한 데이터는 JST 데이터)에서 DATETIME로 변환
  DATETIME(sales_datetime) AS sales_datetime,
  sales_category,
  division.division_code,
  division.division_name,
  sales.department_code,
  department.department_name,
  store_code,
  sales.customer_code,
  customer.birthday,
  customer.sex,
  customer.zip_code,
  employee_code,
  item_code,
  item_name,
  sale_unit_price,
  sales_quantity,
  discount_price,
  consumption_tax_rate,
  consumption_tax_price,
  sales_price,
  remarks
FROM
  `import.sales` sales
LEFT JOIN
  `import.department` department
ON
  sales.department_code = department.department_code
LEFT JOIN
  `import.division` division
ON
  department.division_code = division.division_code
LEFT JOIN
  `import.customer` customer
ON
  sales.customer_code = customer.customer_code
```

다음으로 쿼리 결과의 대상 테이블을 설정한다.

[더보기] → [쿼리 설정]을 클릭한다.

2.2.2절에서 테이블을 작성한 절차와 마찬가지로 데이터세트(dwh)를 만들어둔다. 그 다음 [표 2-6]으로 설정한다. 보낼 곳을 [쿼리 결과의 대상 테이블 설정]으로 전환하면 프로젝트명, 데이터세트명, 테이블명, 옵션을 설정할 수 있다.

표 2-6 쿼리 설정

쿼리 엔진	BigQuery 엔진
보낼 곳	쿼리 결과의 대상 테이블 설정
데이터세트명	dwh
테이블명	sales
대상 테이블 쓰기 환경설정	비어 있으면 쓰기
크기가 큰 결과 허용(크기 제한 없음)	체크 안 함

[크기가 큰 결과 허용]은 일반적으로 사용하는 표준 SQL이라면 관계없으므로 무시한다. 레거시 SQL에서는 크기가 큰 결과를 보관할 때 체크할 필요가 있다.

Column 표준 SQL과 레거시 SQL

초창기 빅쿼리는 BigQuery SQL이라는 비표준 SQL 언어를 사용하여 쿼리를 실행했다. BigQuery2.0에서 표준 SQL을 지원하면서 BigQuery SQL은 레거시 SQL로 개명됐다. 앞으로 빅쿼리를 이용할 때는 표준 SQL을 사용하도록 하자.

호환성을 위해 공식 문서는 레거시 SQL과 표준 SQL 두 가지 방법이 존재하고 있으므로 문서를 읽을 때 주의가 필요하다. 함수나 데이터형에 오류가 발생해서 사용할 수 없을 때 레거시 SQL이라서 문제가 발생했다는 경우는 빅쿼리를 막 사용한 사람이 자주 하는 실수다. 타이틀에 '표준 SQL'이 들어 있는지, URL에 [standard-sql]이 들어 있는지 확인하길 바란다. 이 책은 표준 SQL을 전제로 한다.

쿼리 결과를 dwh 데이터세트의 sales 테이블에 보관한다. 이것으로 분석에 사용할 테이블을 작성했다.

그림 2-12 dwh.sales 테이블 미리보기

Column 프로젝트 ID에 하이픈(-)을 포함하는 경우 주의할 점

2.1절에서 실행한 SQL은 [프로젝트ID.데이터세트명.테이블명]을 백쿼트(`)로 둘러싸고 있다.

하이픈이 들어 있는 프로젝트 ID를 포함해서 테이블명을 지정할 때 해당 문자열을 백쿼트로 둘러쌀 필요가 있기 때문이다.

둘러쌀 범위는 프로젝트 ID만 해도 괜찮으며 데이터세트명이나 테이블명까지 범위를 넓혀도 상관없다.

2.4 데이터 시각화

마케팅 부서에서 만들어준 현행 업무 플로 다이어그램 말인데, 데이터를 그래프로 나타낸 부분은 구체적으로 무엇을 사용했는지 들어봤어?

엑셀에 CSV를 읽어 그래프로 만들었다고 합니다.

그렇군. 자료상에서도 알 수 있도록 해둬.

네. 알겠습니다.

그리고 새로운 업무 플로도 작성해준다고 하던데 어떤 식으로 시각화할 건지 생각해봤어?

사내 그룹웨어가 Google Workspace로 바뀌어서 구글 스프레드시트의 GAS[2]로 BigQuery API를 조작해 그래프를 그려볼까 생각 중입니다.

그렇다면 새롭게 발표된 스프레드시트의 새로운 기능인 BigQuery 커넥터를 검토하는 편이 좋을 것 같아. 그 전에 데이터 시각화라면 구글 데이터 스튜디오가 있는데 혹시 조사해봤어?

구글 데이터 스튜디오라고요? 처음 듣는데요.

---

2 Google Apps Script 약자로 엑셀 VBA처럼 자동화 프로그램을 자바스크립트로 기술할 수 있는 기능

구글 마케팅 플랫폼에는 빅쿼리 이외에도 다양한 데이터 소스에 접속해서 시각화한 데이터 공유나 공동 편집까지 할 수 있는 데이터 스튜디오라는 툴이 있어. 게다가 무료로 사용할 수 있어.

대단한데요. GCP를 사용하면 구글 마케팅 기능에 간단히 연동할 수 있는 거네요.

그게 GCP의 큰 강점이기도 하지.

2.4.1 데이터 스튜디오 연결하기

데이터 시각화에는 데이터 스튜디오가 편리하다. 빅쿼리 콘솔 화면에는 쿼리 결과나 테이블을 데이터 스튜디오상에서 열 수 있는 링크가 있다.

dwh.sales 테이블을 열고 내보내기로 [데이터 스튜디오로 탐색]을 클릭한다.

행	sales_number	sales_datetime	sales_category	division_code	division_name	department_code	department_name	store_code	customer	
1	9617855657	2019-07-23T08:07:25	sales	200	서일본사업부	74	부문 9	32535	4135920070	1960-09-12	2
2	7772190802	2019-07-23T08:07:21	sales	200	서일본사업부	420	부문 6	48114	1403198614	1960-09-09	1
3	1578259532	2019-07-22T12:34:56	sales	100	동일본사업부	73	부문 3	15616	685910024	1960-09-06	1
4	7146955087	2019-07-23T08:07:21	sales	200	서일본사업부	100	부문 5	52032	638251225	1960-09-08	1
5	411790683	2019-07-23T08:07:25	sales	100	동일본사업부	678	부문 8	99794	6999827857	1960-09-11	2
6	1551294235	2019-07-22T12:34:56	sales	100	동일본사업부	998	부문 2	59429	7630321124	1960-09-05	1
7	3567720891	2019-07-23T08:07:21	sales	200	서일본사업부	956	부문 4	29100	4889381161	1960-09-07	1
8	9585818627	2019-07-23T08:07:25	sales	200	서일본사업부	985	부문 1 0	62534	9474025974	1960-09-13	2
9	1513871553	2019-07-23T08:07:21	sales	100	동일본사업부	269	부문 7	55186	2482442952	1960-09-10	2
10	5048914818	2019-07-22T12:34:56	sales	100	동일본사업부	205	부문 1	26217	2728336234	1960-09-04	1

그림 2-13 데이터 스튜디오로 탐색

데이터 스튜디오는 로드나 공유가 간단하며 커스터마이징이 유연하여 대시보드나 보고서 작성에 유용하다.

그림 2-14 데이터 스튜디오의 탐색기

[그림 2-14] 화면 오른쪽 상단에는 그래프 종류를 전환할 수 있다. 화면 오른쪽 하단에서는 측 정기준, 측정항목을 드래그 앤 드롭으로 설정할 수 있다.

그래프를 작성하고 위쪽에 있는 [저장]을 클릭한다. 그런 다음 [공유]를 클릭하면 보고서 작 성 화면으로 전환된다.

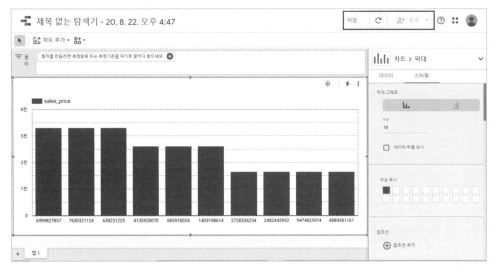

그림2-15 데이터 스튜디오 보고서

보고서를 공유하려면 위쪽에 있는 [공유]를 클릭한다. 권한에는 편집 제한 지정 여부에 따라 '보기 가능'과 '수정 가능' 두 종류가 준비되어 있다.

그림 2-16 데이터 스튜디오 보고서 공유

2.4.2 구글 스프레드시트 연결하기

시각화라는 점에서는 구글 스프레드시트(이하 스프레드시트)도 유용하다. 스프레드시트란 웹 브라우저에서 이용할 수 있는 표 계산 서비스다.

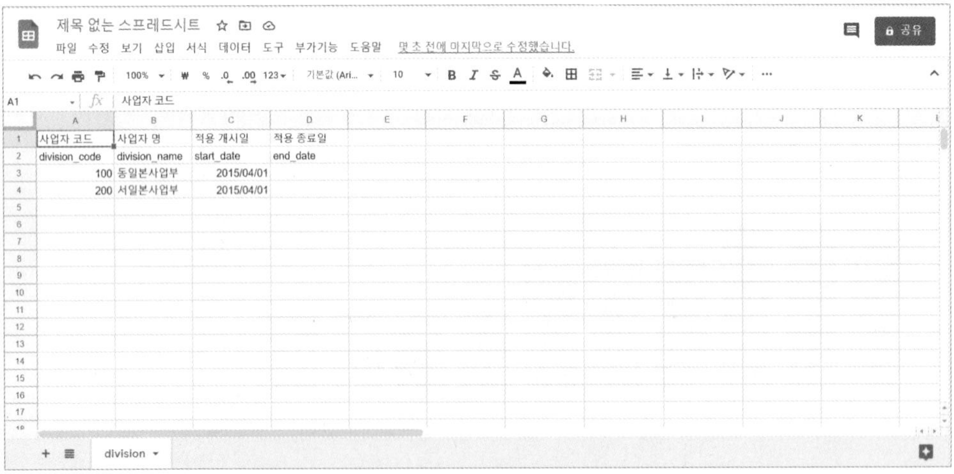

그림 2-17 구글 스프레드시트

다양한 기능이 있는데 특별히 편리한 점 몇 가지는 다음과 같다.

- 저장하지 않아도 작업하다 보면 몇 초 후에 자동 저장된다.
- 여러 명이 동시에 데이터를 조작할 수 있으며 선택한 셀이나 편집 중인 셀을 색과 사용자 이름으로 알 수 있다.
- 문서, 시트, 셀, 셀 범위의 단위로 URL이 생성되어 메일이나 메신저에 URL을 공유할 수 있다. "○○ 시트 △번째 행 □번째 열을 보세요"라고 일일이 말하지 않고도 원하는 부분으로 한 번에 이동한다.
- 단순한 엑셀 파일이라면 그대로 스프레드시트에서 열어볼 수 있으며 편집이나 보관도 가능하다. 도형 등의 편집 요소는 엑셀에서 표현된 위치나 크기 등 레이아웃이 깨질 수 있다.
- 스프레드시트에서 빅쿼리로 SQL을 발행하여 결과를 시트화할 수 있다(한 번 클릭으로 데이터를 재취득하는 기능도 있다).
- 빅쿼리에서 스프레드시트를 쿼리할 수 있다(나중에 설명).

여기서는 스프레드시트에서 빅쿼리로 SQL을 발행할 수 있는 데이터 커넥터라는 기능을 소개한다.

빅쿼리용 데이터 커넥터(Sheets data connector for BigQuery)는 Google Workspace 사용 계정으로 이용할 수 있다. 이용할 수 있는 에디션은 다음과 같다.

- Enterprise Standard
- Enterprise Essentials
- Enterprise Plus
- Education Plus

그럼 dwh.sales 테이블을 읽어오자.

메뉴의 [데이터]에서 [데이터 커넥터] → [BigQuery에 연결]을 클릭한다.

그림 2-18 데이터 커넥터 메뉴

청구할 곳의 프로젝트로 현재 사용하고 있는 프로젝트를 선택하고 쿼리 입력 버튼을 클릭한다.

빅쿼리 쿼리 편집기가 열리면 다음의 쿼리를 입력하고 [결과 삽입]을 클릭한다.

```
SELECT * FROM dwh.sales
```

새롭게 데이터시트가 작성되고 데이터가 시트에 입력된 상태가 된다.

그림 2-19 데이터 커넥터로 작성한 데이터시트

이후로는 그래프의 데이터 범위에 이 시트를 사용함으로써 표 계산 툴 조작으로 시각화 작업을 할 수 있다.

한번 데이터시트를 작성하면 빅쿼리에 익숙하지 않은 사람이라도 스프레드시트에서 시각화나 분석 작업을 할 수 있으므로 더 많은 사람이 빅쿼리에서 데이터를 활용할 수 있다.

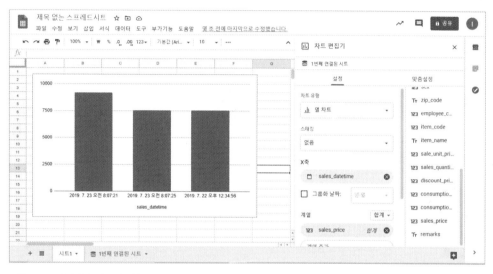

그림 2-20 데이터시트를 사용한 그래프 작성

주의점으로 집필 시점에서는 최대 10,000행까지밖에 읽지 못하는 제약이 있다. 실제 이용할 때는 집계 처리도 포함한 쿼리로 실행해야 할 수도 있다.

또한 이후로는 최대 100억 행의 데이터를 조작할 수 있는 Connected Sheets라는 기능이 구글 클라우드 넥스트 '19에서 발표됐으므로 폭넓은 용도로 이용할 수 있을 것이다.

 선배님, 지난달 데이터 투입 끝냈어요.

고마워. 그럼 과거 5년간 데이터를 한 번에 투입해볼까?

 5년간 데이터요?

응, 왜? 무슨 문제라도 있어?

 5년간 데이터라면 꽤 많은 파일을 로드해야 하는데요.

혹시 수동으로 하려고 한 거야? 그러고 보니 웹 UI만 사용하는 모습을 보였네? 빅쿼리는 전용 명령어 라인 툴도 있으니까 명령어로 데이터 로드를 포함해 다양한 빅쿼리 기능을 조작할 수 있어.

 그렇다면 잘됐네요.

오히려 웹 UI에서는 사용할 수 없는 기능이나 객체가 있기 때문에 명령어 라인 툴을 이용하는 걸 추천해.

명령어 조작이 서툴러서 꺼리고 있었는데 이번 계기로 익숙해지도록 노력할게요.

작업을 효율화하기 위해서도 그게 좋아. 근데 웹 UI에서 확인할 수 있는 쿼리 실행 전 데이터 용량 확인은 쿼리 실행 명령어로 --dry-run 플래그를 사용하니까 잊지 않도록 해.

네, 주의할게요.

명령어 라인 툴에는 많은 기능이 있으니까 공식 문서 레퍼런스를 살펴보면 언젠가 큰 도움될 거야.

빅쿼리의 전체 그림을 이해하는 데도 도움될 것 같아요.

2.5.1 bq 명령어

빅쿼리에는 명령어 라인에서 조작할 수 있도록 명령어 라인 툴 bq가 있다. bq 명령어는 GCP의 Cloud SDK를 설치하면 이용할 수 있다.

명령어 실행 환경으로 Cloud Shell을 사용할 경우에는 이미 설치되어 있으므로 곧바로 사용할 수 있다. Cloud Shell이란 GCP에서 사용할 수 있는 셸 환경이다.

GCP 콘솔 오른쪽 상단 메뉴에서 Cloud Shell을 열고 bq 명령어를 사용할 수 있는지 확인해보자.

그림 2-21 Cloud Shell 활성화

```
$ bq help
Python script for interacting with BigQuery.
USAGE: bq.py [--global_flags] <command> [--command_flags] [args]
Any of the following commands:
  cancel, cp, extract, get-iam-policy, head, help, init, insert, load, ls, mk,
  mkdef, partition, query, rm, set-iam-policy, shell, show, update, version, wait
```

명령어 중에서도 load, mk, query, rm 등은 일괄 작업할 때 알아 두면 편리하다. 참고로 bq query 명령어의 경우 집필 시점에서는 레거시 SQL이 기본값이므로 옵션에 –use_legacy_sql=false를 붙여서 표준 SQL을 지정한다.

2.5.2 구글 클라우드 스토리지

구글 클라우드 스토리지(Google Cloud Storage, GCS)는 고성능, 신뢰성, 적절한 요금 체계로 다양한 스토리지 요구 사항에 대응하는 스토리지 서비스다.

빅쿼리와의 조합은 다음과 같다.

- 빅쿼리로 읽어 들일 데이터의 입력 소스
- 빅쿼리의 데이터 출력 장소
- 빅쿼리의 SQL 쿼리로 GCS 파일을 직접 쿼리

GCS를 이용할 때는 '버킷'이라는 저장 공간을 만든다. 이 버킷이라는 저장 공간에 파일을 보관하게 된다. 참고로 버킷은 반드시 하나의 프로젝트에 속한다.

GCS상 파일 경로를 지정할 경우 다음 형태의 규칙을 따른다.

gs://[버킷명]/[폴더명](생략 가능, 복수 계층 가능)/[파일명]

> **Column** GCS 버킷 위치
>
> GCS에서 빅쿼리로 로딩할 때는 GCS 버킷과 빅쿼리 데이터세트 리전에 주의가 필요하다. 버킷 리전과 데이터세트 리전이 서로 다른 상태에서는 로드할 수 없다. 예를 들어 us-central1 버킷에서 asia-northeast1 데이터세트로 로드를 시도하면 처리에 실패한다.
>
> ```
> $ bq load --autodetect import_tokyo.load_test gs://[project-id]-
> import/sales.csv
> BigQuery error in load operation: Error processing job
> '[project-id]:bqjob_r32b80080043da898_0000016da5a22180_1': Cannot read
> and write in different locations:
> source: US, destination: asia-northeast1
> ```
>
> 단, 예외로 빅쿼리 데이터세트가 US 멀티리전인 경우는 어떤 리전의 GCS 버킷에서라도 로드가 가능하다.
>
> 앞서 언급한 칼럼 '데이터세트 위치'에서도 다뤘지만, US 멀티리전 이외의 리전을 사용할 경우는 GCS 리전도 미리 계획해서 만들어야 한다.

2.5.3 여러 파일의 데이터 로딩

빅쿼리에서는 데이터가 여러 파일로 나누어져 있는 경우에도 일괄적으로 로딩할 수 있는 방법이 있다.

하나씩 콘솔 화면에서 로딩해도 상관없지만 파일 수나 용량이 커지면 효율을 높이기 위해 다음의 기능을 활용해보자.

- bq load 명령어
- 빅쿼리 데이터 전송 서비스(BigQuery Data Transfer Service)
- 외부 데이터 소스 쿼리

🔷 bq load 명령어 사용하기

앞서 소개한 bq 명령어를 이용하는 방법이다. bq 명령어 도움말(help)에서 일부분을 발췌했다.

```
$ bq load --help
Python script for interacting with BigQuery.

USAGE: bq.py [--global_flags] <command> [--command_flags] [args]

load Perform a load operation of source into destination_table.

    Usage:
    load <destination_table> <source> [<schema>]

    The <destination_table> is the fully-qualified table name of
    table to create, or append to if the table already exists.

    The <source> argument can be a path to a single local file,
    or a comma-separated list of URIs.
...
    Examples:
...

    bq load ds.small gs://mybucket/small.csv
    name:integer,value:string

...
```

우선 GCS상의 폴더 밑에 여러 파일을 업로드한다. 다음으로 bq load 명령어의 <source>를 지정할 때 경로의 일부에 * 표기를 사용한다.

명령어 실행 결과는 다음과 같다.

```
$bq load --autodetect import.sales_from_bq_load \
gs://[project-id]-import/sales/*.csv

Waiting on bqjob_r2c1e0f227975c5ce_0000016d81d4f4b8_1 ... (1s) Current
status: DONE
```

이것으로 하나의 테이블에 여러 파일의 데이터가 로드되었다.

🄠 빅쿼리 데이터 전송 서비스 사용하기

빅쿼리 데이터 전송 서비스(BigQuery Data Transfer Service)는 일정에 따라 관리하는 방법으로 구글 애드(Ads), 구글 애드 매니저(Ad Manager) 등 SaaS(Software as a Service) 애플리케이션에서의 데이터 이동을 자동화한다. 또한 빅쿼리 데이터 전송 서비스를 이용한 예약된 쿼리(Scheduled queries)라는 것이 있다. 이것들을 조합하면 설정이나 SQL만으로 정기적으로 데이터 로딩, 데이터 가공, 테이블 생성, 테이블 갱신을 구현할 수 있다.

빅쿼리 데이터 전송 서비스는 구글 애드, 캠페인 매니저, GCS 등 구글이 제공하는 서비스에서 로딩하는 기능도 있지만, AWS S3나 Redshift에서 로딩하는 기능도 있어 더욱 쉽게 데이터를 빅쿼리에서 처리할 수 있는 구조로 되어 있다. 비용이 발생하는 경우도 있으므로 요금 체계를 확인해야 한다.

구글 클라우드 스토리지를 위한 빅쿼리 데이터 전송 서비스(BigQuery Data Transfer Service for Google Cloud Storage)는 GCS에서 정기적으로 읽어 들이도록 작업(Job)을 정의할 수 있는 기능이다. 이것을 이용하면 빅쿼리가 매니지드로 작업을 일정에 맞춰 작동하므로 정기적으로 GCS에서 파일을 읽어 들이는 상황에서 매우 유용하다. 비용은 GCS와 빅쿼리를 이용한 만큼 발생한다.

단, 이 기능에는 다음과 같은 주의해야 할 제약사항이 있다.

- 버킷 안의 파일이 처리 대상이 되려면 그 파일이 버킷에 있는 상태에서 1시간 이상 경과해 있을 것
- 전송을 설정하기 전에 대상 테이블이 작성되어 있을 것
- GCS의 대상 파일(들)과 대상 테이블의 스키마가 일치할 것
- 쓰기 설정은 테이블에 추가(WRITE_APPEND)만 지정 가능하며 비어 있을 때 쓰기(WRITE_EMPTY)나 덮어쓰기(WRITE_TRUNCATE)는 지정할 수 없다.

이외에도 다른 주의사항이 있으니 공식 사이트에서 확인하길 바란다. 참고로 파일 로딩 대상은 파일 최종 갱신 시점부터 판단한다. 이전의 대상 범위 기간은 내부에 기억되어 있으며 파일을 갱신한 후 1시간 이상 지난 파일이 대상이다.

⬡ 외부 데이터 소스 쿼리하기

외부 데이터 소스(제휴 데이터 소스라고도 함)는 데이터가 빅쿼리에 보관되어 있지 않은 경우에도 직접 쿼리가 가능하다.

현재는 다음의 서비스에 있는 데이터에 대해 쿼리를 실행할 수 있다.

- Google Cloud Bigtable
- Google Cloud Storage
- Google Drive

사용자가 외부 데이터 소스를 사용하려면 데이터 작성 시에 외부 데이터 소스를 참조하도록 정의하면 된다.

외부 데이터 소스는 빅쿼리의 스토리지에서 데이터를 가져오지 않고도 쿼리할 수 있는 편리한 기능이지만 그만큼 제한도 많다. 자세한 내용은 공식 사이트의 '외부 데이터 소스 제한 사항'(https://cloud.google.com/bigquery/external-data-sources?hl=ko#external_data_source_limitations)을 확인하길 바란다. 주로 다음 사항에 주의하여 용도에 적합한지 확인해보자.

- 쿼리 중에 원래 데이터를 조작하면 데이터의 정합성을 보증할 수 없다.
- 쿼리 결과는 캐시되지 않는다.
- 빅쿼리의 데이터세트와 외부 데이터 소스는 동일 위치에 있어야 한다.

여기서는 GCS 버킷에서 일시적인 테이블을 temp_table로 하여 SELECT 쿼리를 실행하고 결과를 sales_federated라는 테이블명으로 CSV 파일에 보관하는 방법을 소개한다. 일시적인 테이블에 대해 쿼리를 실행하는 방법은 콘솔 화면에는 없으므로 여기서는 bq 명령어로 실행한다.

```
$bq query \
--external_table_definition=temp_table::sales_number:INTEGER,sales_
datetime:TIMESTAMP,sales_category:STRING,department_code:INTEGER,store_
code:INTEGER,customer_code:INTEGER,employee_code:INTEGER,item_
code:INTEGER,item_name:STRING,sale_unit_price:INTEGER,sales_
quantity:INTEGER,discount_price:INTEGER,consumption_
tax_rate:INTEGER,consumption_tax_price:INTEGER,sales_
price:INTEGER,remarks:STRING@CSV=gs://[project-id]-import/*.csv \
--destination_table import.sales_federated \
--use_legacy_sql=false \
```

```
'SELECT * REPLACE(DATETIME(sales_datetime) AS sales_datetime) FROM temp_
table'

Waiting on bqjob_r1854ccf5f9880a8b_0000016daa0ef316_1 ... (1s) Current
status: DONE
(테이블 표시는 생략)
```

이 패턴의 이점은 SQL을 쓸 수 있다는 점이다. 위의 예에서는 단순한 SELECT 쿼리를 사용했지만 SELECT 구문에 CAST를 사용할 수 있을 뿐만 아니라 WHERE 구나 GROUP BY 구도 사용할 수 있어 빅쿼리 스토리지에서 읽어 들이기 전에 약간의 데이터 가공을 마칠 수 있다.

2.5.4 구글 스프레드시트 쿼리하기

빅쿼리에는 외부 데이터 소스라는 빅쿼리 외부에 보관된 데이터에 대해 쿼리를 실행할 수 있는 기능이 있다. GCS, Cloud Bigtable, 구글 드라이브에 보관된 데이터에 대해 쿼리를 실행할 수 있다. 여기서는 앞서 언급한 구글 드라이브상의 구글 스프레드시트를 쿼리할 수 있는 기능을 소개한다.

사용법은 먼저 빅쿼리상에 외부 테이블을 작성한다. 외부 접속할 곳으로 구글 스프레드시트, 시트, 셀 범위를 지정한다. 다음으로 빅쿼리로 테이블을 쿼리하는 것과 마찬가지로 쿼리를 작성하여 실행한다. 그러면 수시로 스프레드시트를 읽어서 결과가 빅쿼리로 반환되는 동작을 하게 된다.

정기적으로 변하는 마스터 데이터를 빅쿼리에서 취급할 경우 한번 빅쿼리에 데이터를 처리해두면 마스터 데이터를 변경하고 싶은 경우 테이블에 INSERT, UPDATE, DELETE 문을 실행하거나 데이터의 변경 부분을 찾아야 한다.

그에 반해 스프레드시트라면 수시로 읽기 때문에 스프레드시트에서 편집하면 바로 반영되고 표 계산 소프트웨어로도 이용할 수 있으므로 마스터 데이터 갱신에 편리하다.

이제 빅쿼리에 외부 테이블을 작성해보자. 우선, 스프레드시트에 표 형식으로 데이터를 입력한다. 여기서는 [그림 2-17]의 스프레드시트를 사용한다.

그다음 빅쿼리 테이블 작성 화면을 열고, 소스를 '드라이브'로 하면 스프레드시트의 URI를 지정할 수 있게 된다. 파일 형식을 [구글 스프레드시트]로 하면 [시트 범위]를 지정할 수 있다.

그림 2-22 외부 테이블 작성

이번 예에서는 시트가 여러 개이므로 시트명을 지정한다.

스키마 자동 감지에 체크하면 CSV 파일에서 테이블을 작성할 때처럼 데이터를 보고 열 이름과 데이터 형식을 자동으로 설정한다. 헤더는 2행 있으므로 스킵할 헤더 행은 2로 설정한다. 여기까지 설정했다면 '테이블 만들기'를 클릭한다.

작성한 테이블을 살펴보자.

필드명이 스프레드시트의 두 번째 행 값들로 지정되어 있을 것이다. 그리고 데이터 형식도 자동 검출되어 있을 것이다. 날짜의 경우는 설명으로 날짜 형식을 부여하고 있다.

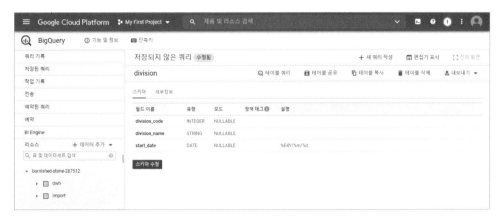

그림 2-23 division 외부 테이블 스키마

소스 URI는 앞서 지정한 URI가 그대로 표시되어 있어 스프레드시트로 바로 연결된다.

그림 2-24 division 외부 테이블의 세부정보

주의할 것은 데이터 형식에 맞지 않는 데이터를 스프레드시트에 입력할 경우 빅쿼리로 쿼리할 때 오류가 발생한다. 잘못된 데이터가 들어가지 않도록 스프레드시트 쪽에서 데이터 형식 등을 확인해서 별도의 처리를 하거나 데이터 형식을 변환한 후에 전체를 쿼리해서 오류 발생 여부를 확인하도록 한다.

또한 앞서 만든 시트의 데이터를 10만 행 이상 증가시켜도 문제없이 검색할 수 있지만 10초에서 15초 정도 걸리므로 요구사항이나 마스터 특성에 맞춰 사용하도록 한다.

Column **스키마의 자동 검출은 만능인가?**

테이블 설계 방침 사례로 ID 계통 열에 숫자 값으로 되어 있어도 STRING형으로 하는 경우가 있다. 이 경우는 데이터 내용만으로 데이터형을 정할 수 없기 때문에 의도하지 않은 데이터형이 되지 않도록 스키마 정의를 미리 준비하는 편이 안전하다.

빅쿼리에 데이터를 넣어서 사용해보고 싶은 상황도 많다. 그런 경우는 스키마의 자동 검출을 이용하면 세세하게 데이터형을 지정하지 않아도 대체로 적절한 테이블을 만들어주기 때문에 빠른 작업을 요구할 때 굉장히 유용하다.

Chapter

3

빅쿼리 기본 구조와 특징

빅쿼리는 대규모 데이터세트에 대한 복잡한 쿼리를 불과 수 초 만에 반환할 정도로 높은 성능을 발휘한다.
어떻게 빅쿼리가 그렇게 굉장한 성능을 발휘할 수 있는 걸까?
그 내부 구조와 기능을 알아봄으로써 빅쿼리만의 매력을 살펴보자.

3.1 빅쿼리 구조

그러고 보니 선배님, 전부터 물어보고 싶었던 게 있었는데요.

갑자기 새삼스럽게 왜?

이번에 빅쿼리를 선택한 이유가 구체적으로 무엇인가요? 선배님이 구글 기술을 잘 알고 있다는 것은 주변에서 들었지만...

그러고 보니 그 이유를 잘 전달하지 않은 것 같네. 우선 검색엔진 서비스에서 구글이 업계 최고인 건 누구나 아는 사실이지. 그 말은 축적하고 있는 데이터양도 업계 최고 수준이라는 것을 의미하겠지?

생각해보진 않았지만 듣고 보니 그러네요.

다른 어떤 기업보다도 거대한 데이터에 관심을 두고 계속해서 분석해온 구글이기 때문에 빅데이터를 효율적으로 취급하기 위한 해결책을 창출해낼 필요가 있었지. 그 과정에서 몇 가지 사내 툴을 개발했는데 그중에 몇 가지 핵심 기술은 논문으로 발표됐고 다양한 OSS[1]의 근간이 될 정도로 선진성을 인정받고 있어.

세계 일류 기업의 사내에서 필요했다는 점만으로도 요구 수준이 분명 높았을 테니까요. 분명 전 세계 기업 비즈니스 요구사항을 충족하고 있을 거라고 생각합니다.

---

1 OSS: 오픈 소스 소프트웨어

구글이 제공하는 클라우드 서비스는 자사의 사내 툴을 일반 공개한 것이 대부분이야. 그렇게 생각해보면 왠지 구글이 사내에서 사용하고 있는 툴, 사용해보고 싶지 않아?

네. 점점 더 빅쿼리와 구글 기술에 흥미가 생기네요!

이 장에서는 빅쿼리의 구조와 기능 중에서 일부를 소개한다. 빅쿼리가 지닌 기능을 모두 알려면 공식 문서를 살펴보는 것이 가장 좋다. 하지만 이제 처음 시작하는 사람에게는 내용이 너무 많고 어려워 힘들 수 있다. 그러므로 이 책을 읽다가 중간중간 찾아보고 싶은 키워드가 있다면 'BigQuery ○○'로 검색해 공식 문서에서 확인하기를 바란다.

Column **Cloud OnAir를 활용해보자**

Cloud OnAir를 알고 있는가? 구글이 구글 클라우드를 소개하는 방송 프로그램이다. Cloud OnAir 웹 페이지에는 다음과 같은 설명이 있다.

"Cloud OnAir는 구글 클라우드 제품에 대해 알기 쉽게 설명하고 있으며 최신 정보 등을 신속하게 전달하는 온라인 방송 프로그램이다."

유튜브에서 방송하고 있으며 지난 방송도 유튜브에서 시청할 수 있다. 게다가 슬라이드도 SlideShare에 업로드되어 있다. 초급자 수준부터 시작해 깊이 있는 부분까지 다루고 있어 구글 클라우드를 이제 막 사용하기 시작할 때 학습 자료로 유용하다.

3.2 빅쿼리 아키텍처

빅쿼리에서 사용하는 쿼리 아키텍처는 Dremel 쿼리 엔진이라고 불리는 아키텍처와 열 지향 스토리지를 사용하고 있다. Dremel 쿼리 엔진은 테이블 스캔 고속화를 목적으로 개발됐다. 1테라바이트 이상의 테이블을 1초 이내로 스캔하는 것을 목표로 진행한 결과, Dremel 아키텍처는 리소스의 스케일 아웃을 구현해 구글의 대규모 하드웨어 인프라와 새로운 파일 시스템인 Colossus File System을 조합함으로써 원하는 목표를 실현할 수 있었다.

Colossus File System은 분산 파일 시스템으로 대용량 데이터를 분할해 개별 물리 디스크에 복제해서 보관한다. 그래서 분할된 데이터를 병렬로 로딩할 수 있다.

Dremel 쿼리 엔진에서는 ColumnIO라고 불리는 파일 포맷을 사용하고 있다. Dremel 쿼리 엔진에서는 쿼리를 실행할 때 테이블을 스캔하고 ColumnIO는 열마다 압축하고 압축된 데이터를 읽음으로써 처리량을 높이고 있다.

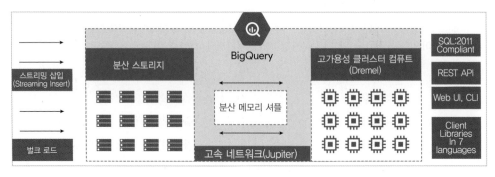

그림 3-1 빅쿼리 아키텍처

출처: https://www.slideshare.net/GoogleCloudPlatformJP/cloud-onair-bigquery-201896-113180907

3.3 열 지향 스토리지

관계형 데이터베이스(RDB) 등의 데이터베이스는 1행(1레코드) 단위로 데이터를 보관하고 있지만 빅쿼리의 열 지향 스토리지는 열 단위로 모아서 보관한다. 이런 구조라면 데이터를 select하는 열 수를 간추려 적절한 쿼리를 실행했을 때 대상 열을 검색만 하면 되기 때문에 트래픽이 적게 발생한다. 또한 앞서 언급한 ColumnIO에 의해 열마다 데이터를 압축하는데, 동일 열에는 동일 데이터형 정보가 등록되어 있어 압축 효율이 높다. 게다가 압축/전개 처리가 열 단위로 실행되므로 한 번에 끝나 높은 효율의 처리가 가능하다.

빅쿼리에서는 앞서 언급한 Colossus File System에 의해 로딩할 열은 분산되어 있기 때문에 물리적으로 별도의 디스크에 보관된다. 그래서 병렬로 디스크 로딩 처리가 가능해 고속 처리를 할 수 있다.

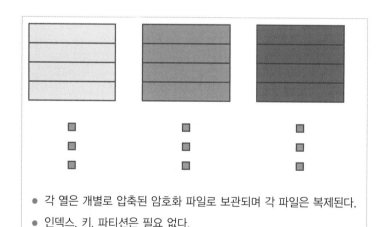

- 각 열은 개별로 압축된 암호화 파일로 보관되며 각 파일은 복제된다.
- 인덱스, 키, 파티션은 필요 없다.

그림3-2 열 지향 스토리지

출처: https://www.slideshare.net/GoogleCloudPlatformJP/cloud-onair-bigquery-201896-113180907

3.4 트리 아키텍처

빅쿼리에서는 Dremel 쿼리 엔진과 Colossus File System에 의해 대규모 분산 처리로 쿼리를 실행하고 있다. Dremel 처리 서버의 스케일 아웃은 다음과 같다. 우선 사용자가 실행한 쿼리를 처음으로 수신하는 루트(Root) 서버가 쿼리 처리를 분할해 대량의 리프(Leap) 서버에 분할한 쿼리를 건넨다. 그 결과 대량의 서버를 사용하여 Colossus file System에 보관된 분할 데이터를 리프 서버가 사용할 수 있고 각각 분산 처리를 시행함으로써 고속으로 쿼리를 처리할 수 있다.

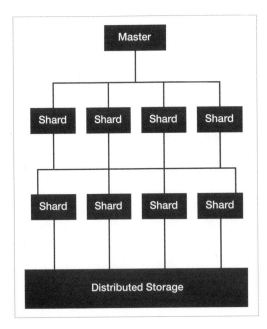

그림 3-3 트리 아키텍처
출처: https://www.slideshare.net/GoogleCloudPlatformJP/cloud-onair-bigquery-201896-113180907

3.5 데이터형

빅쿼리에서는 문자열이나 정수 등 단순한 데이터형 이외에도 ARRAY, STRUCT 등 복잡한 데이터형도 지원하고 있다.

빅쿼리에서 지정할 수 있는 데이터형은 다음과 같다.

표 3-1 데이터형

분류	데이터형 이름	설명/범위
숫자(정수)형	INT64	소수 부분이 없는 숫자 -9,223,372,036,854,775,808 ~ 9,223,372,036,854,775,807
숫자(부동소수점)형	FLOAT64	소수 부분이 있는 근삿값. 배정도(근사) 십진수 값
숫자형	NUMERIC	38자리 정밀도와 소수점 9자리 비율을 사용하는 십진수 값
부울형	BOOL	TRUE와 FALSE로 표시(대소문자 구분하지 않음)
문자열형	STRING	가변 길이 문자(Unicode) 데이터
바이트형	BYTES	가변 길이 문자 바이너리 데이터
날짜형	DATE	0001-01-01 ~ 9999-12-31
날짜/시간형	DATETIME	0001-01-01 00:00:00 ~ 9999-12-31 23:59:59.999999
시간형	TIME	00:00:00 ~ 23:59:59.99999
타임스탬프형	TIMESTAMP	0001-01-01 00:00:00 ~ 9999-12-31 23:59:59.999999 UTC
지리형	GEOGRAPHY	점의 집합이나 지구 표면의 하위 집합으로 표시되는 점, 선, 다각형 모음
배열형	ARRAY	ARRAY 형식이 아닌 요소가 0개 이상 있는 순서가 지정된 리스트
구조체형	STRUCT	각각 데이터형(필수)과 필드명(선택사항)이 있는 순서가 지정된 필드의 컨테이너

문자열형은 고정 길이나 가변 길이 등 구별이 없고 길이 지정도 불필요하다.

타임스탬프형은 타임 존이나 서머타임 등 관습적인 것과 관계없이 절대적인 시각을 나타낸다.

날짜/시간형은 타임 존이나 서머타임 등 관습적인 것을 반영한 날짜/시간이다.

3.6 파티션과 클러스터

빅쿼리에서 테이블을 만들 경우 일반적인 테이블보다 세부적인 단위로 데이터를 관리할 수 있는 다음 두 가지 기능이 있다.

- 파티션 분할 테이블(Partitioned tables)
- 클러스터화 테이블(Clustered tables)

3.6.1 파티션 분할 테이블

파티션 분할 테이블은 테이블 안에 여러 파티션을 정의할 수 있는 테이블이다. 파티션은 다음과 같은 장점이 있다.

- 파티션 단위로 데이터를 로딩할 수 있다.
  예를 들어 날마다 새로운 파티션으로 로딩하도록 하면 기존 파티션 데이터에는 영향을 주지 않고 로딩할 수 있다. 또한 파티션을 덮어쓰기(다시쓰기) 하도록 설정하면 어떤 요인으로 인해 여러 번 로딩을 처리하더라도 데이터 중복을 피할 수 있다.

- 파티션 단위로 쿼리 가능
  쿼리로 파티션 테이블의 전체 행이 아니라 범위를 지정한 파티션 내의 전체 행의 열만 스캔할 수 있으므로 스캔 범위를 좁힐 수 있다.

- 파티션 단위로 데이터를 내보낼 수 있다.

주의할 것은 집필 시점에서는 파티션 단위를 정하는 키로 날짜나 정수 범위만 지정할 수 있었다. 날짜 지정 방법으로는 다음 세 가지가 있다.

- 데이터를 로딩한 일시(UTC)의 날짜 부분
- TIMESTAMP 열의 날짜 부분
- DATE 열

3.6.2 클러스터화 테이블

클러스터화 테이블은 지정한 클러스터화 테이블의 대상 열(클러스터링 열)에 근거하여 데이터 배열 장소나 나열 순서가 조정되는 테이블이다.

클러스터화 테이블의 장점으로 WHERE 구문에 클러스터링 열을 지정한 경우 불필요한 데이터는 스캔을 생략한다. 이 때문에 응답이 빨라지거나 쿼리 요금을 줄일 수 있다.

주의할 점은 클러스터화에 의한 스캔 범위의 생략은 계산 시에는 모르고 실행 후에 알 수 있다는 점이다. 그러므로 빅쿼리 콘솔 화면에서 표시되는 '실행 시 이 쿼리가 XXX B를 처리합니다'라는 값보다도 'XXX B 처리됨'의 값이 작게 되는 경우가 있다.

집필 시점에서는 파티션 분할 테이블로 작성한 테이블만 클러스터화할 수 있었다. 관계형 데이터베이스의 인덱스와 비슷하게 클러스터링 열은 최대 4개까지 지정할 수 있다. 클러스터링 열은 다음 데이터 형식을 지정할 수 있다.

- INT64
- STRING
- DATE
- TIMESTAMP
- BOOL
- NUMERIC
- GEOGRAPHY

클러스터링 열은 중첩되지 않은 열을 지정할 수 있다.

클러스터화 테이블을 작성한 후에는 클러스터링 열을 변경할 수 없으므로 클러스터링 열을 변경하고 싶을 경우에는 테이블을 새롭게 작성해야 한다.

3.7 작업(Job)

빅쿼리는 데이터 로드, 데이터 내보내기, 데이터 쿼리, 데이터 복사 등 장시간 걸릴 가능성이 있는 조작을 작업으로 접수한다. 이때 빅쿼리는 작업 ID를 발행하고 클라이언트에 응답하면서 이 값을 포함해서 반환한다.

빅쿼리는 작업을 비동기로 실행하기 때문에 클라이언트는 작업 ID를 사용하여 작업의 상태를 질의할 수 있다.

작업 ID는 알파벳(a~z, A~Z), 숫자(0~9), 밑줄(_), 하이픈(-)으로 구성되는 문자열로 최대 길이는 1,024문자다.

작업 ID는 조작을 요청할 때의 인수로 건넬 수도 있으며 그러한 경우는 건넨 작업 ID로 실행된다. 프로젝트 내에서는 고윳값이어야 하므로 매일 동작하는 처리의 작업 ID는 고정값으로 하지 않도록 주의해야 한다.

자신이나 프로젝트에서 작업의 실행 기록을 보려면 콘솔 화면에 있는 '작업 기록'을 연다.

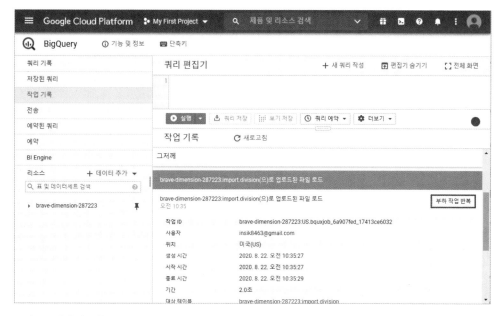

그림 3-4 작업 기록 화면

데이터 로드 작업에 대해서는 작업 세부 정보를 표시한 화면에 [부하 작업 반복]이라는 버튼이 준비되어 있어 기록과 동일한 설정으로 재로드 화면을 열 수 있다. 예를 들어 GCS상의 파일을 교체했으므로 동일 설정으로 재로드하고 싶은 경우나 설정의 대부분을 재사용하고 싶은 경우에 편리하다.

3.8 보기(View)

빅쿼리에는 보기를 정의하는 기능이 있다. SQL 쿼리를 작성하고 [보기 저장]을 클릭함으로써 데이터세트에 보기를 보관할 수 있다.

보기는 가상적인 테이블이므로 보기 자체에는 실제 데이터가 보관되지 않는다. 보기에 대해 쿼리를 실행할 때마다 보기에 정의한 쿼리를 실행한다.

빅쿼리에서 데이터 가공으로 시행착오를 거듭하고 있는 단계라면 가공할 쿼리를 테이블이 아니라 보기로 하여 보관하는 것을 추천한다. 실제 데이터를 보관하지 않으므로 스토리지 비용이 발생하지 않을 뿐더러 가공할 쿼리가 틀리면 보기의 정의를 수정하는 것만으로 끝난다.

데이터세트의 구성은 실제 데이터를 두는 '수집 층'과 보기 집합을 두는 '가공 완료 층'이라는 개념으로 구성된다. 이것만으로도 빅쿼리를 시작하는 데 문제는 없다.

보기에 한정하지 않고 일반적인 쿼리에서 여러 테이블을 결합하거나 복잡한 가공을 하면 하나의 테이블을 쿼리하는 경우에 비해 응답이 늦다. 빅쿼리 능력에 의지해 어떻게든 되는 경우가 많긴 하지만, 그래도 빠른 응답을 원한다면 보기가 아니라 테이블로 치환하는 편이 좋다. 하나의 테이블이라면 예약된 쿼리(Scheduled queries)를 이용한다. 의존관계가 있는 워크플로도 5장에서 설명할 Cloud Composer에서 쿼리를 실행할 것을 검토한다.

Chapter

4

성능과 비용

풀 매니지드 서비스는 사용자가 귀찮아하는 관리에서 해방되는 반면,

서비스의 사양을 제대로 이해하지 않으면 올바른 성능을 발휘할 수 없다.

이번 장에서는 빅쿼리의 성능을 최대한 끌어내고 비용을 최소한으로 줄이기 위한 모범 사례를 배워보도록 한다.

4.1 빅쿼리 튜닝

음, 어떻게 된 거지...

뭔가 곤란한 표정인 것 같은데, 왜?

그게 말이죠, 분석용 테이블을 만드는 쿼리 하나에서 뭘 해도 결과 데이터 용량이 늘어나서요. 이대로라면 이 쿼리를 날마다 실행할 경우 운영비용이 늘어날 것 같아요.

어디 좀 볼까? 그렇네, 분명히 이 쿼리는 그레이 패턴이네.

그레이 패턴이요?

표준 SQL이나 벤더의 독자 사양으로 쿼리 구문을 만들게 되면 각각 해서는 안 되는 바람직하지 못한 기술법(또는 표기법)이 존재하는데, 그런 사례나 지식을 그레이 패턴 또는 안티 패턴이라고 불러.

그러고 보니 SQL에서도 그런 '좋지 못한 기술법'에 대해서 배운 적이 있는 것 같아요.

클라우드의 경우는 종량 과금제이니까 성능뿐 아니라 비용도 의식해야 하니 주의하도록 해.

쿼리 요금이 확실히 시각화되어 있으니까 반드시 신경 써야겠네요.

온프레미스 환경에서는 의식하지 않았던 부분의 비용을 최적화할 수 있다는 점은 좋지만 개발자에게는 힘든 일이긴 해. 그리고 한 가지 주의점이 있는데 클라우드에서는 리소스 공유를 전제로 하기 때문에 예상한 성능을 발휘하지 못할 수 있다는 점을 관계자 전원이 의식할 필요가 있어.

그게 가장 어려워 보이네요.

음, 확실히 다들 그런 부분을 이야기하고 있긴 해.

빅쿼리에서는 다음과 같은 요금이 발생한다.

- 테이블에 데이터를 보관하는 크기와 보관 시기
- 스트리밍 삽입
- 실행한 쿼리가 스캔하는 데이터 크기

예전부터 알려졌지만 실행한 쿼리가 스캔하는 데이터 크기의 비용(Query Analysis)을 가볍게 여기면 예상 외로 큰 금액이 청구되기도 하니 주의해야 한다. 쿼리의 성능 튜닝에 관해서는 비용을 억제하는 튜닝과 공통점이 많다. 빅쿼리 튜닝은 다음 사항을 고려해서 실시한다.

4.1.1 비용/성능 튜닝 공통

select * 사용하지 않기

빅쿼리는 where 문이나 limit 문을 사용해서 행 수를 줄여도 쿼리 요금이 변하지 않는다. 필요한 열만 지정함으로써 쿼리 데이터 크기를 줄일 수 있다.

◈ 파티션 테이블 사용하기

파티션 테이블을 사용함으로써 쿼리 검색의 범위를 좁힐 수 있기 때문에 비용과 성능 모두에서 좋은 결과를 얻는다.

◈ 클러스터화 테이블 사용하기

클러스터화 테이블을 사용하면 표준 SQL을 사용한 where 문이나 group by 문을 사용하는 쿼리의 성능을 향상시킬 수 있다.

◈ 사양상 가능하다면 캐시를 활성화하기

빅쿼리를 사용하는 시스템 등 사양상 캐시를 활성화함으로써 높은 캐시 히트율이 예상된다면 쿼리를 실행할 때 캐시를 활성화함으로써 쿼리 결과를 고속으로 반환할 수 있다.

◈ 레거시 SQL이 아닌 표준 SQL 사용하기

빅쿼리가 등장했을 당시 현재는 '레거시 SQL'이라고 불리는 빅쿼리의 독자적인 비표준 SQL만 사용할 수 있었다. 이 레거시 SQL에는 Group by 등 집계 쿼리 처리에 크기 제한이 있다. 또한 앞서 언급한 파티션 테이블, 클러스터화 테이블 등 성능을 높이고 비용을 압축하는 기능을 이용할 수 없다. 만약 레거시 SQL을 사용하고 있다면 최대한 표준 SQL로 변환하도록 하자.

4.1.2 비용 튜닝

◈ 미리보기 사용하기

테이블을 확인하고 싶을 때 대부분 'select ··· limit' 쿼리를 실행하고 싶을 것이다. 하지만 select하면 쿼리 비용이 발생한다. 2장에서 다뤘지만 콘솔 화면 왼쪽 분할 창에서 테이블을 선택함으로써 미리보기를 할 수 있다. 그리고 이때는 쿼리 비용이 발생하지 않는다. 또한 bq head 명령어로 표시하는 행 수를 지정해 데이터를 확인할 수 있다.

🔍 사전에 쿼리 크기 확인하기

콘솔 화면에서 쿼리를 실행할 때 유효한 쿼리가 입력되면 오른쪽에 쿼리 크기가 표시된다. 이 쿼리 크기에서 BigQuery Analysis 요금을 산출할 수 있다. bq query 명령어의 경우 --dry-run 옵션을 붙여서 쿼리 크기를 바이트 단위로 확인할 수 있다.

🔍 쿼리 비용을 제한하기 위한 청구 가능한 최대 크기 설정

2장에서는 쿼리 비용을 제한하기 위해서 프로젝트에 대해 청구 가능한 최대 크기 설정 방법을 설명했는데 마찬가지로 쿼리 단위로도 청구 가능한 최대 크기를 설정할 수 있다.

bq query 명령어의 경우 --maximum_bytes_billed 플래그로 쿼리 비용의 청구 가능한 최대 크기를 지정함으로써 청구 한도를 넘는 쿼리를 오류로 설정할 수 있다.

4.1.3 성능 튜닝

🔍 일시적인 테이블 사용하기

서브 쿼리를 많이 사용하는 쿼리는 실행할 때마다 모든 쿼리에 대해 요금이 발생하므로 가능하면 서브 쿼리의 부분을 먼저 일시적인 테이블로 만들어두고 일시적인 테이블에 대해 메인 쿼리를 실행하는 방법을 사용함으로써 실행 때마다 서브 쿼리 요금 발생을 없앨 수 있다.

🔍 order by 최대한 사용하지 않기

쿼리 처리로 order by 문을 사용하면 처리를 실행하는 병렬 처리 노드가 한정되어 성능이 저하된다. 또한 처리를 실시하는 테이블 데이터의 크기에 의해 메모리 부족 오류가 발생하기도 한다. 빅쿼리에서는 order by 대상 데이터 크기를 줄이도록 여러 궁리를 해보자.

이러한 방법은 공식 문서에 있으므로 한번 읽어볼 것을 추천한다.

빅쿼리에서는 STRUCT형과 ARRAY형을 네이티브에서 지원하고 있다. STRUCT형과 ARRAY형을 제대로 사용하면 빅쿼리의 쿼리 실행을 빠르게 할 수 있다. 그럼 STRUCT형과 ARRAY형의 예를 살펴보자.

다음 쿼리를 실행해보자.

```
SELECT 'Lollipop', 'Marshmallow', 'Nougat', 'Oreo', 'Pie'
```

그림 4-1 SELECT 결과

이 쿼리는 단순하게 항목이 열로 출력된다.

그럼 다음 쿼리를 실행해보자.

```
SELECT ['Lollipop', 'Marshmallow', 'Nougat', 'Oreo', 'Pie'] as version_array
```

그림 4-2 ARRAY형 SELECT 결과

빅쿼리에서는 이렇게 1행에 배열(ARRAY형)로 여러 값을 취급할 수 있다.

다음으로 STRUCT형을 출력하는 쿼리를 실행해보자.

```
SELECT STRUCT("android" as name, 'Pie' as version_name) as product
```

그림 4-3 STRUCT형 SELECT 결과

열명을 보면 알겠지만 빅쿼리에서는 STRUCT형으로 데이터를 취급할 수 있다. STRUCT형의 product 안에는 name 항목과 version_name 항목이 저장되어 있음을 알 수 있다.

다음 쿼리는 STRUCT형 안에 ARRAY형으로 값을 설정한 예다.

```
SELECT STRUCT("android" as name, ['Lollipop', 'Marshmallow', 'Nougat', 'Oreo',
 'Pie'] as version_name) as product
```

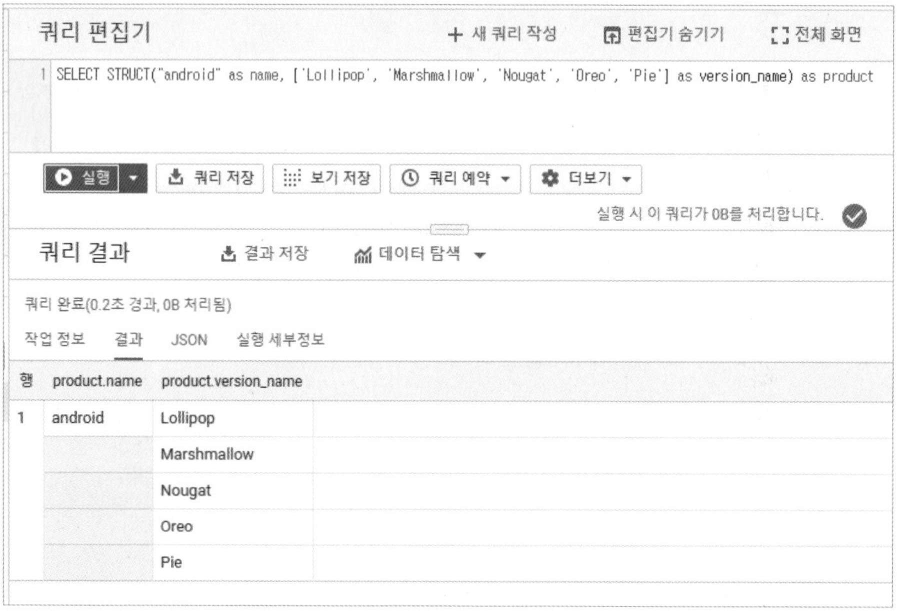

그림 4-4 STRUCT형, ARRAY형을 보관한 SELECT결과

이렇게 STRUCT형인 product의 version_name에 ARRAY형으로 값을 설정하고 있다. 행 번호를 보면 1행으로 되어 있으며 STRUCT형의 1행에 여러 값이 있는 ARRAY형을 저장하고 있음을 알 수 있다.

STRUCT형, ARRAY형을 빅쿼리 테이블로 정의할 경우 스키마는 RECORD 타입, REPEATED 모드가 된다.

그림 4-5 STRUCT형, ARRAY형 스키마

데이터는 이렇게 보관된다.

그림 4-6 STRUCT형, ARRAY형 스키마 데이터

STRUCT형, ARRAY형을 일반적인 레코드처럼 개별 행으로 출력(플랫화)하고 싶은 경우가 있다. 이때는 UNNEST를 사용한다. 위의 테이블을 플랫화할 경우는 다음과 같이 ARRAY형에 대해 UNNEST 처리를 한다.

⦁ ⦁

원서의 SQL문은 현재의 구글 빅쿼리에서는 오류가 발생했다. 그러므로 아래와 같이 역자가 수정한 SQL 문을 아래에 기재하였다.

```
select product.name,version_name
from sales.products,unnest(product.version_name) as version_name
```

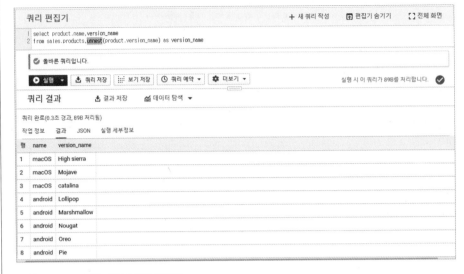

그림 4-7 STRUCT형, ARRAY형의 플랫화

빅쿼리에서는 이렇게 ARRAY형, STRUCT형을 취급할 수 있다. STRUCT형, ARRAY형을 사용함으로써 개별 테이블로 데이터를 보관해 테이블을 조인하는 식의 처리를 줄일 수 있다. 별도 테이블로 나누는 것보다 이해하기 쉽고 SELECT 속도도 빨라지므로 처음에는 적응하기 어려울 수 있지만 사용하면서 잘 이해해보 길 바란다.

4.1.4 빅쿼리 슬롯

빅쿼리에는 슬롯이라는 단위가 있다. 슬롯이란 간단히 말해 처리의 병렬도를 나타낸다. 빅쿼리는 쿼리 실행할 때 쿼리를 분할해 병렬로 실행하는 처리를 슬롯이라는 단위로 나타내고 있다.

빅쿼리에서 쿼리 처리의 응답이 늦다고 느껴지면 슬롯 사용 상황을 확인해보자. 슬롯을 확인하는 관점은 두 가지 패턴이 있다.

1 슬롯 사용 수가 적어 쿼리가 늦어진다.
2 동시 실행 슬롯 수를 초과해서 쿼리가 늦어진다.

ⓠ 1 슬롯 사용 수가 적어 쿼리가 늦어진다

빅쿼리의 쿼리 실행을 간단히 소개하면 실행할 쿼리의 처리를 분할해 구글의 방대한 리소스를 사용해 병렬 실행한다. 그 결과 데이터 크기가 페타바이트인 쿼리를 고속으로 처리할 수 있게 되는데, 쿼리 처리를 분할할 수 없어 병렬 실행을 하지 못할 경우 쿼리 실행이 늦어진다.

ⓠ 2 동시 실행 슬롯 수를 초과해서 쿼리가 늦어진다

일괄 처리 등 데이터 크기가 큰 테이블에 대해서 여러 복잡한 쿼리를 동시에 실행하면 필요한 슬롯 수가 동시 실행 한계인 2000 슬롯을 초과하는 일이 발생할 수도 있다.

ⓠ 슬롯 확인

나중에 언급할 정액제 가격(Flat-rate)을 선택하지 않은 경우(주문형 가격)는 빅쿼리의 할당(quota)으로 동시 실행 슬롯 수가 2000 슬롯으로 제한되어 있다. 여러 쿼리를 동시에 실행하고 있는 경우 한도치까지 슬롯을 사용하고 있을 가능성이 있다.

ⓠ 쿼리의 슬롯 사용 수 확인 방법

각 쿼리의 슬롯 사용 수는 다음 방법으로 확인한다. 우선, 쿼리의 작업 ID를 취득한다. 작업 ID를 지정하고 있는 경우 등 이미 작업 ID를 알고 있다면 이 절차는 필요 없다.

콘솔을 사용할 경우 왼쪽 분할 창의 작업 기록에서 확인할 수 있다. 콘솔에서는 다음 명령어로 가능하다.

```
$ bq -location=[위치] ls -j -n [표시행 수]
```

[위치]에는 리전이 들어간다. 예를 들어 서울이라면 asia-northeast3이다.

[표시행 수]는 기본값이 50행이므로 필요한 행수를 지정한다.

쿼리의 작업 ID를 확인하면 다음 명령어를 OS의 터미널이나 Cloud Shell에서 실행한다.

```
$ bq --format=prettyjson show -j [작업ID]
```

명령어를 실행한 결과 다음과 같이 정보가 표시된다.

```
{
    "configuration": {
      "jobType": "QUERY",
      "query": {
        "allowLargeResults": true,
        "destinationTable": {
          "datasetId": "XXXXXX",
          "projectId": "XXXXXXXXXXX",
          "tableId": "table_name"
        },
        "priority": "INTERACTIVE",
        "query": "\n select \n
        · · · · · · · · from · · · · ·
        · · · · · · · · where · · · · · ",
        "writeDisposition": "WRITE_APPEND"
      }
    },
    "etag": "XXXXXXXXXXXXXXX",
    "id": "XXXXXXXXXXXXXXXXXXXXXXXXXXXXXXX",
    "jobReference": {
    "jobId": "bqjob_XXXXXXXXXXXXXXXXXXXXXXXXXX",
    "location": "US",
    "projectId": "projectXXXXXX"
    },
  "kind": "bigquery#job",
  "selfLink": "https://www.googleapis.com/bigquery/v2/projects/projectXXXXXX/jobs/
bqjob_XXXXXXXXXXXXXXXXXXXXXXXXXXXXX?location=US",
    "statistics": {
      "creationTime": "1560835919124",
      "endTime": "1560835929717",
      "query": {
        "billingTier": 1,
        "cacheHit": false,
        "estimatedBytesProcessed": "617540836125",
        "queryPlan": [
          {
/////////////////////////// 생략 ///////////////////////////
```

```
    ],
    "referencedTables": [
      {
        "datasetId": "sample_dataset",
        "projectId": "sample_project",
        "tableId": "sample_table1"
      },
      {
        "datasetId": "sample_dataset",
        "projectId": "sample_project",
        "tableId": "sample_table2"
      }
    ],

//////////////////////////// 생략 ////////////////////////////
    "statementType": "SELECT",
    "timeline": [
    {
        "activeUnits": "1626",
        "completedUnits": "232",
        "elapsedMs": "1355",
        "pendingUnits": "1626",
        "totalSlotMs": "67351"
      },
      {
        "activeUnits": "1683",
        "completedUnits": "232",
        "elapsedMs": "2584",
        "pendingUnits": "1676",
        "totalSlotMs": "2877422"
      },
//////////////////////////// 생략 ////////////////////////////
      {
        "activeUnits": "13",
        "completedUnits": "2417",
        "elapsedMs": "10008",
        "pendingUnits": "0",
        "totalSlotMs": "2837129"
      }
    ],
    "totalBytesBilled": "372929200128",
    "totalBytesProcessed": "372928577953",
    "totalPartitionsProcessed": "0",
    "totalSlotMs": "2837129"
  },
```

```
    "startTime": "1560835919672",
    "totalBytesProcessed": "372928577953",
    "totalSlotMs": "2837129"
  },
  "status": {
    "state": "DONE"
  },
  "user_email": "XXXXXXXXX@developer.gserviceaccount.com"
}
```

출력 결과에 특정 totalSlotMs는 쿼리에서 사용되는 슬롯의 합계 처리 시간(밀리초)이다. Timeline 항목의 마지막 그룹({ }로 둘러싸인 항목)이 전체의 실행 정보가 된다.

출력 예에서는 totalSlotMs 2837129가 이 쿼리 슬롯의 합계 처리 시간(밀리초)이고, elapsedMs 10008가 쿼리를 시작한 후의 경과 시간(밀리초)이 된다.

평균 슬롯 소비량 산출

totalSlotMs(슬롯 합계 처리 시간)을 elapsedMs(경과 시간)으로 나누면 밀리초당 사용 슬롯 수인 평균 슬롯 소비량(동시 실행 슬롯 수)을 산출할 수 있다.

평균 슬롯 소비량 = totalSlotMs ÷ elapsedMs

출력 예라면 다음과 같이 산출할 수 있다.

평균 슬롯 소비량 = 2837129 ÷ 10008 = 283.5

출력 예의 쿼리는 동시 실행 슬롯 수로 283.5 슬롯이 산출되었다. 단, 경과 시간으로 나누고 있으므로 실제 슬롯 사용은 무거운 쿼리 스테이지의 처리에 치우친다. 이 산출 방법은 각 쿼리의 밀리초당 평균 슬롯 소비량을 산출함으로써 대략적인 동시 실행 슬롯 수를 확인할 수 있으므로 쿼리를 재검토하는 재료로 이용할 수 있다.

Column 빅쿼리의 정액제 이용

빅쿼리에는 쿼리 비용 청구의 정액제 계약(Flat-rate)이 있다. 예전에는 2000 슬롯부터 계약이었지만 500 슬롯 단위로 계약할 수 있게 되어 계약의 문턱이 낮아지게 되었다(현 시점에서는 알파 버전). 또한 지금까지는 구글에 연락하여 계약해야 했지만 이제부터는 콘솔에서 계약이 가능하다.

정액제 계약을 하고 있지 않은 경우(주문형 계약)에서는 동시 실행 슬롯 수는 베스트 에포트(best-effort)로 동시 실행되는 슬롯 수를 보장하지 않지만, 정액제 계약에서는 계약한 슬롯 수의 동시 실행을 보장한다. 당연하지만, 작은 슬롯 수의 계약이면 계약 슬롯 수를 초과해서 동시에 사용할 수 없다. 정액제 계약은 프로젝트 단위의 계약이다.

주요 리전의 정액제 계약 요금은 다음과 같다.

리전	월간 정액제 약정 비용	연간 정액제 약정 비용
US(멀티리전)	$10,000/500 슬롯	$8,500/500 슬롯
서울	$12,000/500 슬롯	$12,000/500 슬롯

월간 정액제 계약은 구입 확정일로부터 30일간은 해약/다운그레이드가 불가이며, 연간 정액제 계약은 1년을 경과하지 않으면 해약/다운그레이드가 불가이다.

4.2 빅쿼리를 보다 깊이 알기

 빅쿼리 학습은 어때? 잘 진행되고 있어?

 지금은 직접 다뤄보거나 공식 문서를 읽고 있어요. 공식 문서가 한국 어로 잘 되어 있어서 읽기 편하네요. 제가 인프라 지식이 별로 없어 서 걱정하고 있었는데 빅쿼리에서는 그다지 필요하지 않는 것 같아 안심하고 있습니다.

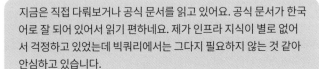

 그래? 그건 잘 됐네.

그런데 혹시 반드시 읽어야 할 항목이라도 있나요?

 글쎄, 할당량 및 한도[1]는 한 번씩 살펴보는 게 좋을 것 같아. 읽어도 잘 연 결되지 않는 부분도 있을 테니 실전 트러블 슈팅에서 언제든 찾아낼 수 있 도록 외워두는 것이 중요하다고 생각해.

알겠습니다.

 빅쿼리는 많은 기능 및 사용법이 있어서 다른 서비스보다도 비교적 문서 양이 많으니까 서두르지 말고 천천히 읽는 걸 추천해. 그리고 빅쿼리 주요 기능에는 머신러닝 모델을 구축할 수 있는 기능[2]도 있으니까 알아보면 재 미있을 거야.

---

1 할당량 및 한도: https://cloud.google.com/bigquery/quotas?hl=ko

2 BigQuery ML: https://cloud.google.com/bigquery-ml/docs/bigqueryml-intro?hl=ko

빅쿼리는 정말 다양한 일을 할 수 있네요.

빅쿼리는 GCP의 주력 서비스 중의 하나로 계속 기능이 늘어날 거니까 지금 기능뿐만 아니라 새로운 기능까지 잘 익혀두자고.

서비스의 진화에 우리도 따라가지 않으면 안 되겠네요.

4.2.1 bq query 명령어 옵션

2.5.1절에서 bq 명령어를 설명했다. 여기에서는 쿼리 실행 명령어인 bq query에 대해서 자세히 설명한다.

편리한 옵션 목록

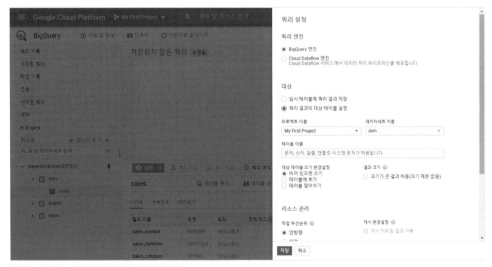

그림 4-8 콘솔 화면에서 대상 테이블 지정

--batch [true/false]

쿼리 실행에는 대화형(Interative) 모드와 일괄(batch) 모드가 있다. 이 옵션을 지정하면 쿼리가 일괄 모드로 실행된다.

--clustering_fields [열명 [,열명]]

쉼표로 구분된 열 이름을 사용해 클러스터화한 대상 테이블을 작성한다. 수집 시간 또는 날짜, 타임스탬프로 파티션을 나눈 테이블을 작성할 때 지정할 수 있는 옵션이다. 이 옵션을 지정하면 테이블이 시간으로 나뉘고, 그 후에 지정된 열을 사용하여 클러스터화된다.

--destination_schema [스키마 파일 경로]

대상 테이블이 정의된 스키마 파일을 지정한다.

--dry_run

이 플래그를 지정하면 쿼리는 검증되지만 실제로 실행은 되지 않는다. 콘솔 화면에서도 설정할 수 있는데, bq query --dry_run으로는 쿼리 크기가 바이트 단위로 출력되고 콘솔 화면에서는 쿼리 크기에 따라 단위가 바뀌어 출력된다(이미지에서는 KB 단위).

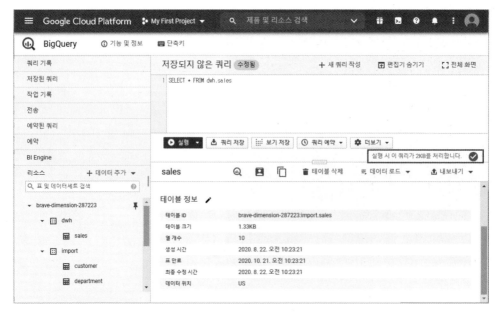

그림 4-9 콘솔 화면에서 쿼리 스캔 크기 표시

--destination_kms_key [Cloud KMS의 키 리소스ID]

대상 테이블의 데이터를 암호화하기 위해 사용되는 Cloud KMS 키의 리소스 ID를 지정한다.

--max_rows 또는 -n [행 수(기본값: 100)]

쿼리 결과로 반환하는 행 수를 지정한다.

--maximum_bytes_billed

쿼리 비용을 제한하기 위한 청구 가능한 최대 바이트 수. 이 플래그로 청구 가능한 최대 바이트를 설정하면 이 한도를 초과한 바이트 수를 읽는 쿼리는 실패하게 된다(요금이 발생하지 않는다). 지정하지 않은 경우 청구 가능한 최대 바이트 수는 프로젝트의 기본값으로 설정된다. 콘솔 화면에서도 설정할 수 있다.

그림 4-10 콘솔 화면의 청구 가능한 최대 바이트

--replace

이 플래그를 지정하면 쿼리 결과로 대상 테이블을 덮어 쓴다.

--require_cache

이 플래그를 지정하면 캐시로부터 결과를 취득할 수 있는 경우에만 쿼리가 실행된다.

--require_patition_filter

이 플래그를 지정하면 분할된 테이블에 대한 쿼리에 파티션 필터가 필요하다.

--schedule

쿼리를 정기적으로 반복하는 예약 쿼리로 만든다. 쿼리를 실행하는 빈도는 지정해야 한다.

▼예

```
--schedule='every 24 hours'
--schedule='every 3 hours'
```

--schema_update_option

로드 작업이나 쿼리 작업에서 테이블에 데이터를 추가하거나 테이블 파티션을 덮어 쓸 때 대상 테이블의 스키마 갱신 방법을 지정한다. 가능한 값은 다음과 같다.

- ALLOW_FIELD_ADDITION: 새 필드를 추가하도록 허가한다.
- ALLOW_FIELD_RELAXATION: REQUIRED 필드를 NULLABLE로 완화하도록 허가한다.

여러 스키마 갱신 옵션을 지정하려면 이 플래그를 반복한다.

--start_row 또는 –s [행 수(기본값:0)]

쿼리 결과에서 반환할 첫 번째 행을 지정한다.

--time_partitioning_expiration [초]

시간 기준 파티션을 삭제할 시간을 초 단위로 지정한다. 만료 시간은 파티션의 날짜(UTC)에 지정한 정숫값을 더한 값이다.

--time_partitioning_field [열 이름]

시간 기준의 파티션 분할 테이블에 사용되는 열을 지정한다. 열을 지정하지 않고 시간 기준의 파티셔닝을 활성화하면 테이블은 로드 시간을 기준으로 파티션이 나눠진다.

--time_partitioning_type [DAY]

테이블의 파티션 유형을 설정한다. 현재는 하루에 파티션을 한 개씩 생성하는 DAY만 사용할 수 있다.

--use_cache

이 플래그를 지정하면 쿼리 결과가 캐시된다. 기본값은 true다.

--use_legacy_sql [true/false]

기본값은 true로 레거시 SQL을 실행한다. false로 설명하면 표준 SQL 쿼리를 실행한다.

--label [key:value]

쿼리 작업에 적용할 라벨을 지정한다. 여러 개의 라벨을 지정하려면 이 플래그를 반복한다.

--parameter

쿼리 매개변수 목록이 포함된 JSON 파일이나 name:type:value 형식의 쿼리 매개변수다. 이름이 비어 있으면 위치 매개변수가 작성된다. STRING 값을 사용할 경우 name::value 또는 ::value 형식이라고 가정하면 type을 생략할 수 있다. NULL을 지정하면 null 값이 생성된다. 이 플래그를 반복하면 매개변수를 여러 개 지정할 수 있다.

--target_dataset

--schedule로 지정하면 예약된 쿼리의 대상 데이터세트가 갱신된다. 지정한 경우 쿼리는 DDL 또는 DML이어야 한다.

4.2.2 빅쿼리 할당량

2.1절에서 설명한 할당량(Quota)은 빅쿼리에도 있어 사용자에 대한 리소스 할당 수가 정해져 있다. 전 세계 사용자들이 문제없이 서비스를 이용할 수 있도록 사용할 리소스 등에 제약을 마련하고 있다.

특히 빅쿼리를 일괄 처리 등 시스템에 내장해서 실행할 경우 할당량을 반드시 의식해야 한다. 할당 수를 넘었을 경우 오류가 발생하거나 빅쿼리 실행에 일시적인 보류가 발생하는 등

기대 성능을 발휘하지 못할 수 있다.

🔷 주요 할당량

주요 할당량에는 다음과 같은 것이 있다.

대화형 쿼리에 적용되는 동시 실행 쿼리: 100

대화형 모드의 경우 동시 실행 쿼리는 100까지다. 일괄 처리 모드(--batch 옵션)의 경우 이런 제한이 없다.

대상 테이블의 일일 갱신 횟수 한도: 테이블당 일일 1,500회 갱신

쿼리 실행 시간 제한: 6시간

쿼리 실행에 6시간이 걸리면 타임아웃이 된다.

쿼리당 참조할 수 있는 최대 테이블 개수: 1,000

쿼리당 참조할 수 있는 최대 테이블 개수는 1,000개다. 표준 SQL에서 테이블의 와일드카드를 지정한 경우 와일드카드를 1테이블로 카운트하기 때문에 실제 테이블 수는 카운트되지 않는다.

다음 예에서는 5년간 발생한 1826 테이블이 있어도 오류가 발생하지 않는다.

```
SELECT columnA,columnB
FROM `dataset.uriage_daily_*`
WHERE _TABLE_SUFFIX BETWEEN '20130101' AND '20181231'
```

주문형 가격의 프로젝트당 최대 동시 실행 슬롯 수: 2,000개

주문형 가격에서는 프로젝트당 최대 동시 실행 슬롯 수의 한도가 2000 슬롯이다. 특히 빅쿼리의 쿼리를 복수 실행할 경우 앞서 언급한 슬롯 수 계산 등을 사용해 한도 내로 억제하는 애플리케이션 설계를 시행함으로써 안정적인 성능을 발휘하도록 쿼리를 구현한다.

4.2.3 빅쿼리 보안

IAM에 의한 권한 관리

GCP에서는 구글 계정에 빅쿼리의 권한 부여를 함으로써 빅쿼리 액세스 수준을 변경할 수 있다.

빅쿼리의 권한 관리는 두 가지가 있다. 하나는 프로젝트 수준에서의 IAM에 의한 권한, 다른 하나는 빅쿼리 데이터세트 수준에서의 IAM에 의한 권한이다.

프로젝트 수준의 권한

프로젝트 수준의 권한에서는 구글 클라우드 콘솔의 IAM 설정 화면에서 설정한다.

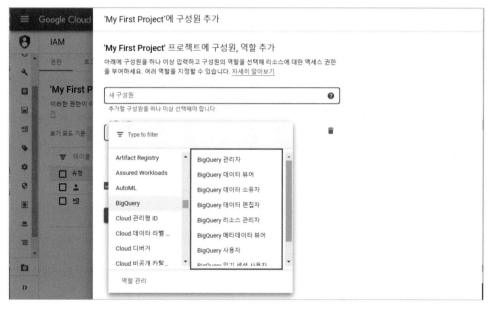

그림 4-11 IAM화면의 빅쿼리 역할

빅쿼리 데이터세트 수준 권한

빅쿼리에 타 부서에는 보여주고 싶지 않은 정보가 있다면 데이터세트마다 권한을 설정하여 소속 부서만 열람 및 편집이 가능하도록 하는 권한 설정이 필요할 때가 있다. 빅쿼리에서는 데이터세트 수준에서 권한을 부여할 수 있다.

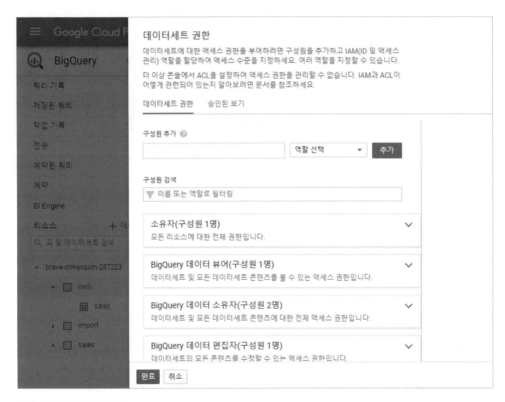

그림 4-12 데이터세트 권한

🔍 빅쿼리의 역할과 권한

빅쿼리에서는 여러 권한을 통합한 '사전 정의된 역할'이 여러 가지 있다. 역할을 사용자에게 부여함으로써 사용자는 허가된 권한을 가질 수 있다.

[표 4-1]에 빅쿼리의 역할과 설정된 권한을 정리했다.

표 4-1 빅쿼리의 역할과 권한

이름	역할	설명	권한	IAM 수준
BigQuery 관리자	roles/bigquery. admin	프로젝트 안에서 모든 리소스를 관리할 수 있는 권한이다. 프로젝트 안에서 실행 중인 다른 사용자의 작업을 취소할 수도 있다.	bigquery.* resourcemanager.projects.get resourcemanager.projects.list	프로젝트
BigQuery 데이터 편집자	roles/bigquery. dataEditor	데이터세트의 메타데이터를 읽고 데이터세트 안의 테이블을 일람 표시한다. 데이터세트의 테이블을 작성, 갱신, 취득, 삭제한다. 새로운 데이터세트를 작성하는 것도 가능하다.	bigquery.datasets.create bigquery.datasets.get bigquery.datasets.getIamPolicy bigquery.datasets.updateTag bigquery.models.* bigquery.routines.* bigquery.tables.create bigquery.tables.delete bigquery.tables.export bigquery.tables.get bigquery.tables.getData bigquery.tables.getIamPolicy bigquery.tables.list bigquery.tables.update bigquery.tables.updateData bigquery.tables.updateTag resourcemanager.projects.get resourcemanager.projects.list	데이터세트
BigQuery 데이터 소유자	roles/bigquery. dataOwner	데이터세트를 읽거나 갱신 또는 삭제한다. 데이터세트의 테이블을 작성, 갱신, 취득, 삭제한다. 새로운 데이터세트를 작성하는 것도 가능하다.	bigquery.datasets.* bigquery.models.* bigquery.routines.* bigquery.tables.* resourcemanager.projects.get resourcemanager.projects.list	데이터세트
BigQuery 데이터 뷰어	roles/bigquery. dataViewer	데이터세트의 메타데이터를 읽고 데이터세트 내의 테이블을 일람 표시한다. 데이터세트의 테이블에서 데이터와 메타데이터를 읽는다. 프로젝트 내의 모든 데이터세트를 리스트로 표시할 수 있다. 작업 실행은 할 수 없다.	bigquery.datasets.get bigquery.datasets.getIamPolicy bigquery.models.getData bigquery.models.getMetadata bigquery.models.list bigquery.routines.get bigquery.routines.list bigquery.tables.export bigquery.tables.get bigquery.tables.getData bigquery.tables.getIamPolicy bigquery.tables.list resourcemanager.projects.get resourcemanager.projects.list	데이터세트

이름	역할	설명	권한	IAM 수준
BigQuery 작업 사용자	roles/bigquery.jobUser	프로젝트 내에서 쿼리 등을 포함하는 작업을 실행하기 위한 권한이다. 이 권한을 갖는 사용자 자신이 실행한 작업을 리스트로 표시하거나 취소할 수 있다.	bigquery.jobs.create resourcemanager.projects.get resourcemanager.projects.list	프로젝트
BigQuery 메타데이터 뷰어	roles/bigquery.metadataViewer	프로젝트 내의 모든 데이터 세트를 리스트로 표시하고 프로젝트 내에 있는 모든 데이터세트의 메타데이터를 읽을 수 있는 권한이다. 모든 테이블과 뷰를 리스트로 표시할 수 있으며 프로젝트 내에 있는 모든 테이블과 뷰의 메타데이터를 읽을 수 있는 권한이다. 작업을 실행할 수 없다.	bigquery.datasets.get bigquery.datasets.getIamPolicy bigquery.models.getMetadata bigquery.models.list bigquery.routines.get bigquery.routines.list bigquery.tables.get bigquery.tables.getIamPolicy bigquery.tables.list resourcemanager.projects.get resourcemanager.projects.list	프로젝트
BigQuery 읽기 세션 사용자	roles/bigquery.readSessionUser	읽기 세션을 만들고 사용할 수 있는 액세스 권한만을 갖는다.	bigquery.readsessions.* resourcemanager.projects.get resourcemanager.projects.list	프로젝트
BigQuery 사용자	roles/bigquery.user	이 권한을 가진 사용자 자신은 자신의 작업을 리스트 표시할 수 있고, 자신의 작업을 취소할 수 있다. 프로젝트 내의 데이터세트를 리스트로 표시할 수 있다. 또한 프로젝트 내에서 새 데이터세트를 만들 수 있다. 새로운 데이터세트를 만들면 새로운 데이터세트에 bigquery.dataOwner가 부여된다.	bigquery.bireservations.get bigquery.capacityCommitments.get bigquery.capacityCommitments.list bigquery.config.get bigquery.datasets.create bigquery.datasets.get bigquery.datasets.getIamPolicy bigquery.jobs.create bigquery.jobs.list bigquery.models.list bigquery.readsessions.* bigquery.reservationAssignments.list bigquery.reservationAssignments.search bigquery.reservations.get bigquery.reservations.list bigquery.routines.list bigquery.savedqueries.get bigquery.savedqueries.list bigquery.tables.list bigquery.transfers.get resourcemanager.projects.get resourcemanager.projects.list	프로젝트

🔷 IAM의 모범 사례

빅쿼리의 IAM 설정의 경우 누구를 편집 가능으로 할지에 대해서 해당 권한을 고려하는 일은 상당히 어려운 일이다. 여기서는 지금까지의 경험에서 빅쿼리의 IAM에 대한 모범 사례를 다룬다. 빅쿼리 운용에 참고로 활용하길 바란다.

표 4-2 용도별 편집 가능 계정

수준	편집 가능 계정
데이터 읽기	관리자, 서비스 계정
수동 읽기	관리자, 데이터 조작 담당
가공 후	관리자, 서비스 계정
분석	관리자, 서비스 계정
샌드박스	관리자, 사용자

🔷 KMS에 의한 데이터 보호

빅쿼리의 테이블 데이터는 기본적으로 암호화되어 있어 높은 보안을 실현하고 있다. 키를 Key Management Service를 사용해 관리하고 싶은 경우 GCP의 키 관리 매니지드 서비스인 Cloud KMS를 사용할 수 있다.

Cloud KMS의 장점

Cloud KMS를 사용함으로써 암호키를 안전하게 관리할 수 있다. 비밀키를 도난당하거나 캡처 당했을 때 데이터 누출을 막을 수 있다. Cloud KMS에서 작성된 암호키는 Cloud KMS 내에서만 존재한다. 또한 과거 키의 무효화도 가능하다.

Cloud KMS는 암호키를 도난당할 가능성은 극히 적고 만일 도난당했더라도 키 로테이션에서 간단히 예전 키를 무효화해서 새로운 키로 운용할 수 있다.

빅쿼리에 Cloud KMS 사용하기

빅쿼리에 Cloud KMS를 설정해보자.

구글 클라우드 콘솔의 Cloud KMS 화면을 표시하여 [키링 만들기](Cloud KMS의 API가 비활성화인 경우는 활성화)를 클릭한다.

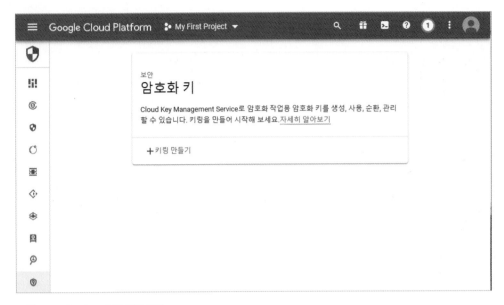

그림 4-13 Cloud KMS 키 조작 화면

'키링 만들기' 화면에서 키링의 이름을 입력하고 키링의 위치를 선택한다. 키링의 위치는 빅
쿼리의 데이터세트와 동일한 위치로 설정한다. 빅쿼리는 현재 global은 지원하지 않는다. 그
런 다음 [만들기] 버튼을 클릭한다.

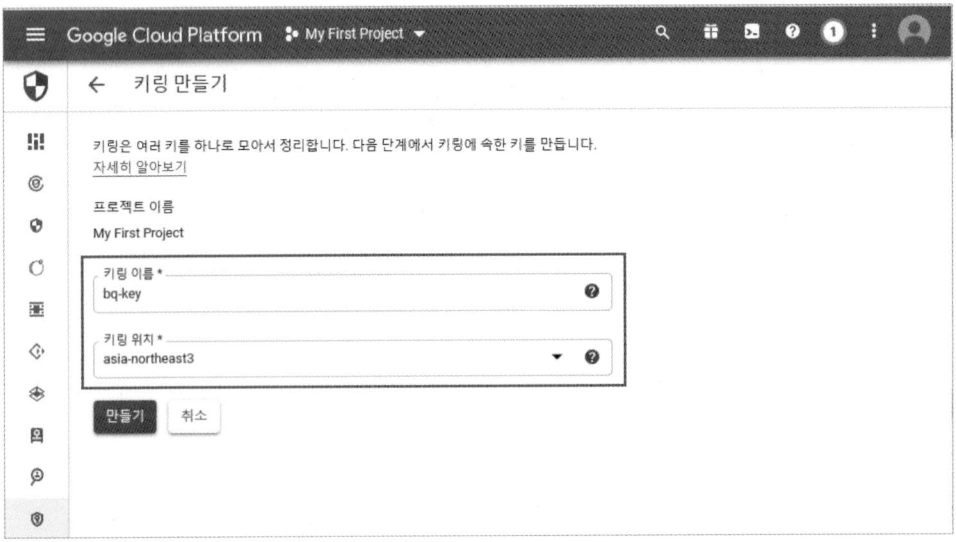

그림 4-14 키링 만들기

키 만들기 화면에서 키 이름을 입력하고 각 항목을 지정한 후 [만들기] 버튼을 클릭한다.

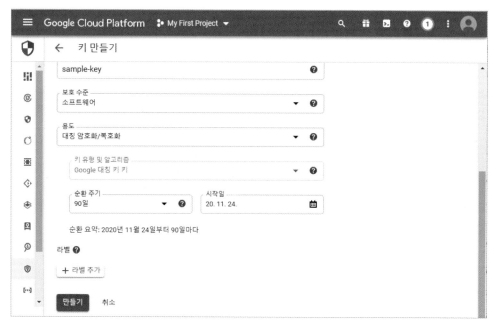

그림 4-15 키 만들기

이렇게 하면 키가 만들어진다.

그림 4-16 키링의 키 만들기 후의 화면

빅쿼리의 서비스 계정 ID를 확인하고 다음 명령어를 실행한다.

```
$ bq show --encryption_service_account
```

그림 4-17 Cloud Shell에서 명령어를 실행

확인한 서비스 계정에 Cloud KMS CrytoKey Encrypter/Decrypter 역할을 할당한다. '키링 세부 정보' 화면에서 정보 패널을 표시하고 [구성원 추가]를 클릭한다.

그림 4-18 구성원 추가

새 구성원에 앞서 확인한 빅쿼리의 서비스 계정을 입력한다.

그림 4-19 구성원 및 역할 추가

역할에 '클라우드 KMS CryptoKey 암호화/복호화'를 선택해 [저장] 버튼을 클릭한다.

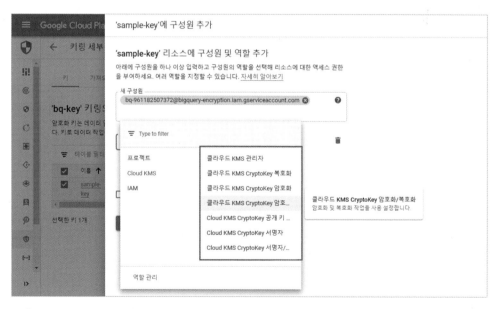

그림 4-20 Cloud KMS의 역할

정보 패널의 [역할/구성원]에 '클라우드 KMS CryptoKey 암호화/복호화'가 표시된다.

그림 4-21 Cloud KMS의 역할 등록 후 화면

'키링의 키'의 리소스 ID를 복사한다.

그림 4-22 리소스 ID 복사

빅쿼리의 테이블에 Cloud KMS를 사용한다. 자주 사용하는 빅쿼리 테이블 작성에 Cloud KMS를 적용한다. 다음은 자주 사용하는 bq mk 명령어, bq query 명령어의 예다. 그 외는 공식 문서를 참조하길 바란다.

▼ bq mk 명령어로 빈 테이블을 작성할 경우

```
$ bq mk --schema item_code:integer,sku:string -t \
--destination_kms_key projects/[PROJECT_ID]/locations/asia-northeast3/
keyRings/bq-key/cryptoKeys/sample-key \
itemdata.sampletable
```

▼ bq query 명령어로 검색한 결과를 테이블에 등록하는 경우

```
$ bq query --destination_table=itemdata.usetable \
--destination_kms_key projects/[PROJECT_ID]/locations/asia-northeast3/
keyRings/bq-key/cryptoKeys/sample-key \
"SELECT table_id FROM itemdata.createdtables WHERE project_id = 'productanalysis'"
```

이것으로 Cloud KMS로 보호된 빅쿼리 테이블이 만들어졌다.

그림 4-23 Cloud KMS로 보호된 빅쿼리 테이블 작성

Cloud KMS로 보호된 테이블에는 '고객 관리 키'에 Cloud KMS의 키링의 키 리소스 ID가 표시된다.

sampletable				

Q 테이블 쿼리　　国 테이블 공유　　디 테이블 복사　　血 테이블 삭제　　土 내보내기 ▼

스키마　세부정보　미리보기

설명 ✎　　　　　　　　　　　　　　　　　라벨 ✎
없음　　　　　　　　　　　　　　　　　　없음

테이블 정보 ✎

테이블 ID	burnished-stone-287512:itemdata.sampletable
테이블 크기	0B
열 개수	0
생성 시간	2020. 8. 26. 오후 9:44:22
표 만료	만료되지 않음
최종 수정 시간	2020. 8. 26. 오후 9:44:22
데이터 위치	asia-northeast3
고객 관리 키	projects/burnished-stone-287512/locations/asia-northeast3/keyRings/bq-key/cryptoKeys/sample-key

그림 4-24 테이블 세부 정보

Column **빅쿼리와 머신러닝**

BigQuery ML을 사용하면 BigQuery의 표준 SQL을 사용해서 BigQuery에서 머신러닝 모델 생성, 평가, 예측을 실행할 수 있다.

현재 BigQuery ML은 다음의 모델을 지원하고 있다.

▼ 지도 학습형

- 선형 회귀 모델: 숫자 예측에 사용한다.
- 이진 로지스틱 회귀 모델: 2개 중 하나로 분류되는지를 예측하는 경우에 사용한다.
- 멀티클래스 로지스틱 회귀(분류): 3개 이상에서 어느 것으로 분류되는지를 예측할 때 사용한다.

▼ 비지도 학습형

- k-평균 클러스터링: 데이터의 특징에서 카테고리별 여러 그룹으로 나누는 (클러스터링) 경우에 사용한다.

▼ 커스텀 모델형

- 텐서플로 모델 가져오기: 이전에 학습된 텐서플로 모델을 가져올 수 있다.

이 책에서는 BigQuery ML에 대해 자세히 설명하지 않지만 도쿄의 특정 점포에 대해 예측 최고 기온과 전일 매출, 고객 수로부터 다음 날의 매출을 예측한다.

도쿄S점의 2017년 1월 1일부터 2019년 9월 30일까지의 일별 매출 금액, 전일 고객 수, 예상 최고 기온의
테이블을 빅쿼리로 가져온다.

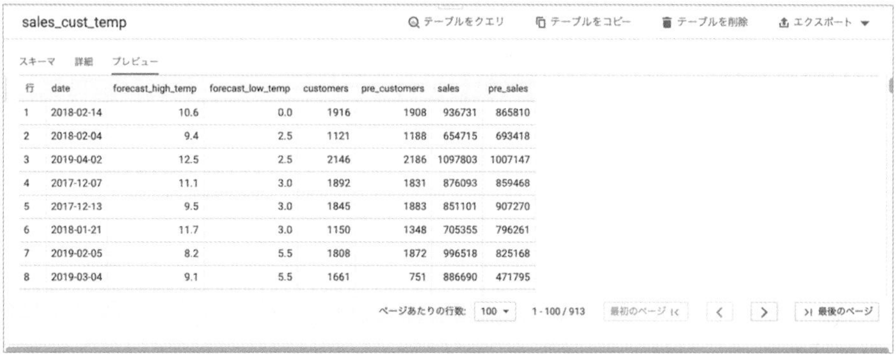

그림 4-25 가져오기를 실시한 테이블 데이터

빅쿼리에서 모델을 작성한다. 모델 작성 시의 기간 지정은 2017년 4월 1일부터 2019년 8월 31일로 한다.
매출 금액을 라벨로 지정한다.

```
クエリエディタ                                                        エディタを非表示   全画面表示
1  CREATE OR REPLACE MODEL `sales.sales_cust_temp_model`
2  OPTIONS
3  (model_type='LINEAR_REG', labels = ['sales']) AS
4  select pre_customers,
5       forecast_high_temp,
6       sales
7  from sales.sales_cust_temp
8  where date between "2017-04-01" and "2019-08-31"
9
10
```

그림 4-26 BigQuery ML 모델 작성

모델이 작성되면 왼쪽 테이블 리스트에 모델이 표시된다(모델은 테이블의 아이콘과 다르다).

그림 4-27 빅쿼리 테이블 리스트의 모델 표시

작성한 모델의 평가를 확인해보자. 작성한 모델의 평가 탭을 표시한다.

그림 4-28 BigQuery ML 모델 평가

평가는 결정 계수를 확인한다. 1에 가까우면 정밀도가 높다는 의미다. 이 평가에서는 정밀도가 좋지 못하다고 말할 수 있다. 특징량을 늘려서 정밀도를 높이는 방식으로 실시하지만 여기서는 생략한다. 다음으로 모델 작성 시 지정하지 않은 2019년 9월의 데이터로 모델의 예측 정밀도를 확인한다.

그림 4-29 BigQuery ML 예측 SQL

작성한 모델로 2019년 9월을 예측한 결과가 출력됐다. 가장 왼쪽의 predicted_sales가 예측한 값, 가장 오른쪽의 sales가 실제 값이다. 그림은 일부의 결과다. 예측이 실제 값과 근접한지를 확인해 실제 예측에서 사용할 수 있는지를 판단한다. 이번에는 결정 계수가 0.1996이므로 좋은 결과라고 말할 수 없다.

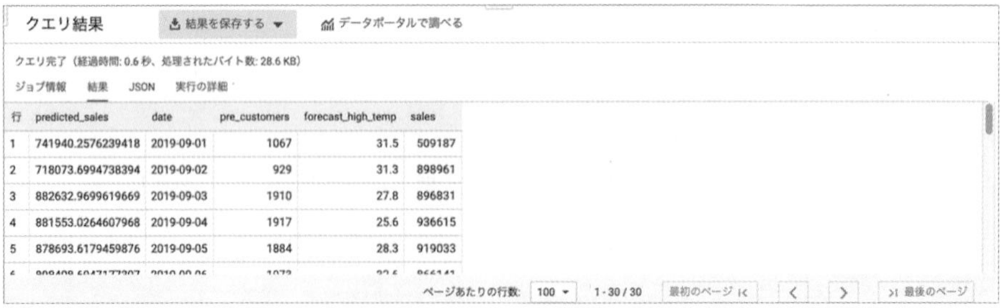

그림 4-30 BigQuery ML 예측 결과

이렇게 BigQuery ML에서는 간단히 머신러닝이 가능하다. 비지도 학습인 k 평균 클러스터링도 지원하고 텐서플로로 작성한 모델의 가져오기도 가능한 만큼 빅쿼리는 계속 발전한다. 빅쿼리가 머신러닝의 표준 플랫폼이 되는 것도 멀지 않다고 생각한다.

Column 빅쿼리 백업

빅쿼리는 과거 7일 동안의 스냅샷을 보관하고 있다(삭제 테이블은 2일간 보관).

다음과 같이 테이블 디코더를 지정하는 방법으로 과거의 스냅샷을 지정할 수 있다.

▼ 상댓값 지정

```
Project_ID:Dataset.Table@[-밀리초]
```

▼ 절댓값 지정

```
Project_ID:Dataset.Table@[UNIX시간(밀리초)]
```

하루 전의 테이블 복구는 bq cp 명령어로 복구하고 싶은 테이블의 1일 전 밀리초로 지정한다.

```
$ bq cp Project_ID:Dataset.Table@-86400000 Project_ID:Dataset.Table
```

데이터 수집 자동화

빅쿼리로 분석하는 방법을 배웠다면 이젠 빅데이터 분석에 기반한 개발을 배울 차례다.
이 장에서는 주변 서비스와 연계해 빅쿼리에 데이터를 집약하는 방법이나
자동으로 데이터를 가공하는 방법을 구체적인 예를 들어 설명한다.

5.1 데이터 웨어하우스 구축

 그래서 마케팅부의 반응은 어땠어?

 빅쿼리로 분석하면서 지금까지의 일들이 거짓말처럼 빨라져 신속하게 결과를 낼 수 있게 되어 다들 기뻐하고 있어요. 쿼리 결과도 문제 없어서 대상 데이터를 늘리면 온프레미스 환경의 리소스를 좀 더 절감할 수 있을 것 같아요.

그거 잘됐네.

 선배님이 만들어준 빅쿼리 로드 일괄 처리 프로그램 덕택이에요. 수동으로 처리했다면 더 시간이 걸렸을 테니까요.

아, 그거 말인데...

 이야기 중에 미안한데, 두 사람 다 잠시 시간 좀 내주겠나?

부장님, 무슨 일이신가요?

 마케팅 부장이 자네들의 활동을 매우 칭찬했다고 들었네. 영업부와 마케팅부 양쪽에서 예산을 가져와 현재의 분석 플랫폼을 본격적으로 교체하는 프로젝트를 시작하자는 이야기가 들리고 있어.

벌써 그런 이야기가 나오고 있나요?

마케팅부장은 결정하면 바로 실행에 옮기는 타입이니까. 다만, 아직 몇 가지 기술적인 과제도 있는 듯하니 프로젝트를 진행하기 전에 해결 방안을 찾고 작업 내용에 대해 견적을 내보도록 하지.

 '과제라니, 도대체 어떤 과제지?'

선배님, 조금 전에 부장님이 과제라고 말씀하셨는데요...

 응, 아까 말하려고 했던 건데 내가 만든 빅쿼리 로드 일괄 처리는 작업 실행을 사내의 작업 관리 툴에서 컨트롤하고 있어. 그런데 출력한 파일 백업, 작업 재시도 설계, 처리 시간 초과 시 경고 전송 등 실제 운용에 필요한 기능은 아직 구현되지 않았거든.

확실히 기존 플랫폼을 교체하려면 그런 것도 준비해야 불안하지 않겠죠. 하지만 그 기능을 만드는 건 꽤 어려울 것 같은데요.

 이제부터는 그런 것도 모두 클라우드화하려고 생각하고 있어.

빅쿼리에 그런 기능이 있나요?

아니. 대신 GCP에 빅데이터를 취급하는 서비스는 다른 것도 많아. 다양한 서비스를 조합함으로써 비로소 진정한 데이터 분석 플랫폼이 만들어지는 거야.

2장에서는 수작업으로 일일이 테이블을 빅쿼리에 읽어 들이고 BI로 처리해서 시각화하는 방법을 살펴봤다. 이 장에서는 수작업이 아니라 GCP의 매니지드 서비스를 활용하여 정기적으로 일괄 처리함으로써 데이터 수집을 자동화해 데이터 분석 플랫폼을 구축하는 방법에 대해 설명한다. 이른바 데이터 웨어하우스^{Data Warehouse} 구축이다.

데이터 수집 자동화로 데이터 기반 경영에 필요한 데이터 분석 플랫폼 구축이 가능하다. 그리고 분석 플랫폼에 모인 빅데이터를 마케팅에 활용하기 위해서는 그 데이터의 품질과 양을 보증할 필요가 있다. 보증된 데이터라면 비로소 제대로 동작하는 데이터 분석이 가능하게 된다(예를 들어 상품 수요 예측, 재고 배치 최적화, 판매 촉진 등).

여기서는 소매업을 예로 들어 데이터 웨어하우스를 구축한다. 데이터 소스 조사부터 시작해 데이터 분석 플랫폼 구축, 그리고 그를 활용한 데이터 분석까지 살펴본다.

5.1.1 데이터 웨어하우스 구축 의의

데이터 웨어하우스를 구축할 때 데이터 웨어하우스로 무엇을 하고 싶은지, 그에 필요한 데이터는 무엇인지, 데이터 웨어하우스를 어디에 둘지, 구축은 어떤 순서로 진행하는지 등을 고려해야 한다. 기업 규모가 커지면 무엇을 하고 싶은지 조사해 의사결정하는 것도 엄청나게 큰일이다. 예를 들어 상품 수요 예측을 하고 그 예측에 근거하여 재고 배치 최적화를 하고 싶다면 필요한 데이터는 적어도 매출, 재고, 각종 마스터와 같은 데이터일 것이다.

그리고 회사가 온프레미스 환경 서버에 보관하고 있는지 아니면 GCP, AWS, Azure, IBM 등의 클라우드에 보관하고 있는지 조사할 필요가 있다. 또한 회사가 가동하고 있는 시스템 종류(레거시 시스템, POS 시스템 등)에 대해 알고 있어야 한다.

이와 더불어 사내 타 부서와 협력할 것인지 진행 절차도 정해야 한다. 무엇을 하고 싶은지, 필요한 데이터는 무엇인지에 대해 대략 나열했지만 실은 그렇게 간단한 일이 아니다. 현재 가능한 것, 가까운 장래에 실현 가능한 것을 전제로 데이터 분석 플랫폼 확장 가능성도 고려할 필요가 있다. 이 점을 명확히 정하는 것이 뼈를 깎는 힘든 작업이라 이를 테면 디지털화 추진실 같은 사내 전문 부서에서 요구사항을 정리하거나 관련 부서가 외부 컨설팅을 이용하는 경우도 있다.

어찌 되었든 간에 완벽한 준비를 바라는 것은 불가능하므로 앞서 언급했다시피 처음에는 작게 시작해서 크게 확장해 나가는 방식으로 진행한다. 그리고 필요한 데이터 범위에 대해서는 목표인 데이터 분석 내용, 구체적으로는 데이터 포털에서 처리해서 시각화하는 데 필요한 데이터부터 다양한 통계 해석 기법 및 최신 트렌드에서 빼놓을 수 없는 머신러닝에 필요한 데이터를 포함하도록 폭넓게 생각해야 한다.

5.1.2 아키텍처 결정

불확정 요소나 여러 변수가 관련된 데이터 웨어하우스를 구축할 때 장래 확장 가능성 등 결정하기 어려운 점을 눈여겨보면서 핵심이 되는 점을 명확히 하여 기본 방침과 이용할 기술을 선정해야 한다. 여기서는 그 핵심이 될 만한 구성, 즉 범용적인 아키텍처를 살펴본다.

우선, 아키텍처를 정하는 시작점이다. 데이터 분석에 이바지하는 플랫폼을 만드는 것이 목적이므로 그것을 가능하게 하는 다음과 같은 내용이 필요하다.

- 산재하기 쉬운 데이터를 한곳에 모아서 커다란 데이터 풀을 만든다.
- ExtractTransformLoad(ETL)를 마치고 정비된 데이터 풀을 만든다.
- 가능한 한 자동화한다.

여기서는 이 내용을 구체화할 아키텍처의 한 예를 보여주려고 한다. 이 책을 읽는 사람이라면 GCP에 흥미를 갖고 있을 것이며, 구글 클라우드가 데이터 분석 플랫폼 개발에 유용하고 많은 서비스를 제공하고 있다는 것을 알고 있을 것이다. 그러한 서비스 중에서 GCP 데이터 분석 플랫폼의 시작점이 되는 GCS, 분석 플랫폼의 핵심이 되는 빅쿼리, 워크플로를 조정하는 Cloud Composer 등을 이용하는 구성을 예로 나타냈다. 참고로 마지막으로 분석 플랫폼 데이터를 실제로 분석하는 툴인 Cloud Datalab에 대해서도 간단히 소개한다.

🔷 범용적인 구성

실무에서 많이 볼 수 있는 구성으로는 다음과 같은 구성이 있다.

1. 데이터를 일별 일괄 처리로 AWS S3에서 GCS로 전송
2. GCS에서 빅쿼리로 데이터를 로드(Load)하고 빅쿼리 안에서 데이터 가공(Transform)
3. 이런 워크플로의 조정을 Cloud Composer에서 실행
4. 가공된 데이터를 분석 및 예측 분류 모델 구축에 사용하여 마케터 등 사업에 활용

그 개념도를 [그림 5-1]에서 볼 수 있다.

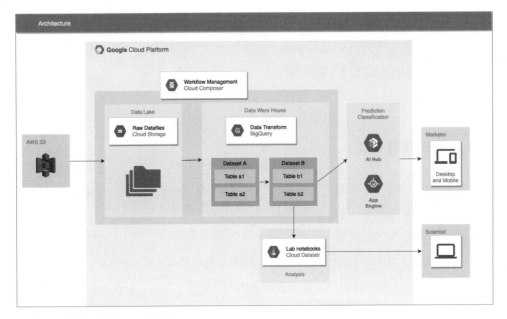

그림 5-1 데이터 웨어하우스 아키텍처

[그림 5-1]의 구성을 구현하기 위해서는 두 가지 중요한 포인트가 있다.

(1) ETL이 아니라 ELT다

거대한 데이터를 먼저 빅쿼리에 로드하고 SQL 기반으로 필요한 가공을 한다는 의미다. ① 원시 데이터를 그대로 로드하기 때문에 무엇이 노이즈인지 아닌지에 대한 판단을 나중에 확인할 수 있다. 즉, 데이터 분석의 문맥에 따라 가공 내용을 바꿀 수 있다. ② 데이터를 가공하는 작업이 빅쿼리 안에서 이루어지므로 편리성과 비용에서 우위에 있다.

ELT는 문자 그대로 'Extract', 'Load', 'Transform' 3요소(3단계)로 구성되며 이러한 처리들이 왼쪽에서 오른쪽으로 순서대로 진행된다. 단, 경우에 따라 다르지만 각각의 3요소 작업 내용은 난이도가 서로 다르다. 일반적으로 Transform 부분이 더욱 복잡해서 자동화하는 데 있어 세분화하는 등 여러 고민 요소가 있다.

Extract	데이터 추출
Load	데이터 로드
Transform	데이터 가공

ETL과 ELT의 차이에 대해서 아키텍처와 데이터 과학 관점에서 정리하면 데이터 과학에 기여하는 아이디어 차이임을 알 수 있다. 또한 ELT 아키텍처를 채택하면 프로그래밍 언어에 좌우되지 않고 SQL 기반의 가공으로 대응할 수 있으므로 그런 의미에서 편리성은 높다고 할 수 있다. 다만 데이터 기반 사업을 목표로 하는 데이터 분석 플랫폼 구축이므로 보유한 정보를 가능한 한 훼손하지 않아야 한다는 점은 둘 중 어떠한 방법으로 한다 해도 고려해야 하는 부분이다.

시점	ETL	ELT
아키텍처	• 원시 데이터[1]를 GCS에 보관 • Dataflow에 의한 가공 • 빅쿼리에 보관	• 원시 데이터를 GCS에 보관 • 가공하지 않은 채 빅쿼리에 보관
데이터 과학	• 가공 후 데이터가 DB에 보관되지 않으므로 정보 훼손은 없지만 Dataflow 가공 내용에 주의해야 함.	• 원시 데이터 가공 없이 DB에 보관되므로 정보 훼손 없음 • 빅쿼리 안에서 SQL로 가공

연계할 데이터 파일 형식이나 데이터형에 대한 검토도 중요하다. 이 점에 대해서는 뒤에서 설명한다.

(2) 일별 테이블과 파티션 테이블의 활용

빅쿼리에서는 분할 테이블(파티션 테이블) 및 샤딩Sharding을 지원하고 있다. 일반적으로 데이터를 일별로 소스에서 연계하는 경우 처음에 소스의 기존 테이블 모두를 연계하고 그 후에는 일별로 차분 데이터를 연계하는 경우가 많다고 생각한다. 이 경우 하나의 안을 들면 다음과 같은 테이블을 고려할 수 있다.

- a: 트랜잭션 및 마스터 모두의 테이블에 대해 일단 일별 테이블(샤딩; [PREFIX]_YYYYMMDD)로 축적한다.
- b: 그다음 트랜잭션에 대해서는 매일 연계되는 테이블의 데이터양이 크므로 분할 테이블로 만든 하나의 테이블에 일별 연계 데이터를 추가해 나간다.
- c: 마스터 테이블에 대해서는 매일 연계되는 테이블의 데이터양이 크지 않으므로 하나의 테이블에 단순히 일별 연계 데이터를 추가해 나간다.

---

[1] 가공되지 않은 원래의 데이터

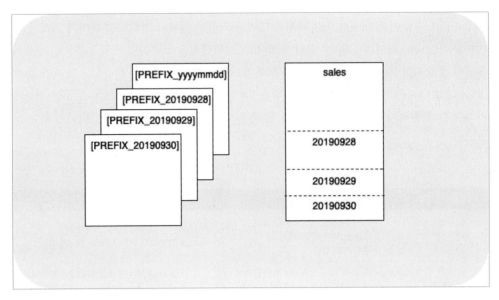

그림 5-2 일별 테이블과 분할 테이블

이로써 ① 나중에 데이터 검색이 간단해지는 점, ② 데이터 검색 시 스캔할 대상을 제한할 수 있다는 점, ③ ELT 처리에 기여하는 테이블이 된다는 점 등을 이점으로 들 수 있다.

파티셔닝		샤딩
로드 시간 분할 테이블	분할 테이블	
데이터를 로드한(읽어 들인) 날짜 또는 데이터를 수신한 날짜를 기초로 분할한 테이블	TIMESTAMP 열 또는 DATE 형을 기준으로 분할한 테이블	[PREFIX]_YYYYMMDD 등 시간 기반의 명명 방법을 사용한 테이블

자세한 내용은 다음 URL을 참고하길 바란다.

- https://cloud.google.com/bigquery/docs/partitioned-tables?hl=ko

BigQuery

Chapter **5** 데이터 수집 자동화

5.2 데이터 소스와 GCP 연계

내가 작성한 '빅쿼리로의 일괄 로딩 처리'에 대한 수정 내용은 파악했어?

수정 내용은 알겠는데 조금 의문이 있어요. bq 명령어로 온프레미스 환경에서 직접 빅쿼리로 로드하고 있던 처리를 그만두고 출력 파일을 일단 Cloud Storage라는 스토리지 서비스로 옮기는 것 같은데 그 의도가 뭔가요?

좋은 질문이야. 이젠 그런 질문이 나오니 좀 성장한 것 같은데.

감사합니다.

우선 첫째로, 연계용 파일을 앞으로도 계속 출력하게 된다면 디스크 영역이 고갈될 것 같다는 연락을 서버 관리자로부터 받았거든. 백업에 대해서도 고려하지 않은 상태에서 외부 스토리지로 대피할 수 있는 정도의 데이터라면 클라우드 스토리지 서비스로 이동하는 편이 데이터 손실을 피할 수 있다고 생각했어.

데이터 보관에 대해서 생각해보면 아무래도 비용이 늘어날 테니까요.

둘째는 EC사업부에서 관리하고 있는 전자상거래 사이트도 앞으로 GCP로 옮긴다는 이야기가 나오고 있어. 우선은 과거 로그를 모두 Cloud Storage로 옮기자는 말도 나왔대. 이런 상황이라면 정보원을 한곳으로 모으는 것이 자연스러운 흐름이라고 생각되지 않아?

그런 이야기도 나오고 있군요. 여러 데이터가 Cloud Storage로 집중되면 여러 곳에서 이용할 수 있게 되겠네요.

그렇지. Cloud Storage는 어디서든지 참조 가능해서 객체 작성이나 삭제라는 변경 통지 이벤트를 받아 다른 GCP 서비스와 연계할 수도 있어. 무엇보다 보관할 수 있는 데이터 용량에 제한이 없으니까 용량 고갈로 앞으로 골치를 앓을 필요가 없게 되지.

서버 관리자도 이걸로 안심할 수 있겠네요.

데이터 보호나 보관 같은 부분은 클라우드에 맡겨버리고 우리들은 본래 해야 하는 데이터 분석 플랫폼에 주력하면 된다고.

데이터 소스를 크게 보면 필요한 데이터를 보관한 데이터베이스가 온프레미스 환경의 서버에 존재하는 경우와 클라우드에 존재하는 경우로 나눌 수 있다. 잘 알다시피 실제로 다양한 서버나 소프트웨어, 그리고 서비스가 사용되고 있다.

다만, 어느 경우도 때로는 데이터 분석에 적합한 환경이 아닌 경우가 있으므로 최근에는 서버에 존재하는 데이터를 데이터 분석에 적합한 환경인 GCP로 옮기는 움직임이 활발하게 이루어지고 있다.

여기서는 앞서 언급한 범용적인 구성 **1**(데이터를 일별 일괄 처리로 AWS S3에서 GCS로 전송)에 대응한 GCP 서비스를 소개하면서 데이터 소스에서 GCP로 연계하는 방법에 대해서 살펴본다.

5.2.1 데이터 소스에서 GCS로 연계하기

◎ Storage to Storage

일괄 처리에 의한 파일 연계에 빈번히 사용되는 방법이 스토리지에서 스토리지로 파일을 연계하는 방법이다. 일반적으로 스토리지는 데이터 종류를 묻지 않고 거대한 데이터를 보관할 수 있어, 클라우드 서비스라면 전 세계 어디서든지 그 데이터에 액세스할 수 있다. 그런 의미에서 클라우드 서비스의 경우 스토리지가 외부 리소스에서 연계할 때 시작점이 되는 경우가 많은 듯하다. 실제로 GCP의 스토리지 서비스인 GCS는 다음과 같은 서비스로 언급된다.

> Cloud Storage를 사용하면 데이터양에 관계없이 언제 어디서나 데이터를 저장하고 검색할 수 있습니다. Cloud Storage를 웹사이트 콘텐츠 제공, 보관 및 재해 복구를 위한 데이터 저장, 직접 다운로드를 통해 사용자에게 대량의 데이터 객체 배포 등 다양한 용도로 사용할 수 있습니다.

출처: https://cloud.google.com/storage/docs/?hl=ko

gsutil

앞서 언급했듯이 AWS S3에서 GCS로 연계하는 것은 요즘 흔히 볼 수 있는 방법인데 S3와 연계 방법의 하나로 들 수 있는 것이 gsutil을 이용한 데이터 전송이다.

방법은 여러 가지이며 가장 대표적인 방법은 다음과 같다.

- 명령어를 실행하는 VM 준비
  명령어를 실행하는 환경으로 AWS의 EC2나 GCE의 인스턴스를 준비한다. gsutil의 .boto 구성 파일에 S3로 액세스하기 위한 인증 정보를 추가 기입할 필요가 있다. 다음과 같이 추가 기입하면 gsutil을 사용하여 S3 버킷 내의 객체를 관리할 수 있게 된다.

```
aws_access_key_id=ACCESS_KEY
aws_secret_access_key=SECRET_ACCESS_KEY
```

gsutil rsync

rsync 명령어는 소스 디렉터리와 목적 디렉터리의 파일이나 객체를 동기화하는 명령어다.

Amazon S3 버킷과 Cloud Storage 버킷 사이에서 데이터를 동기화하는 명령어의 예는 다음과 같다.

```
$ gsutil rsync -d -r s3://my-aws-bucket gs://example-bucket
```

- -d: 소스 디렉터리에 존재하지 않는 파일이나 객체를 목적 디렉터리에서 삭제하는 옵션이다.
- -r: 소스 디렉터리 내에 재귀적인 디렉터리가 존재할 때(서브 디렉터리 등) 그 내용들도 동기화하는 옵션이다.

자세한 내용은 다음 URL을 참고하길 바란다.

- https://cloud.google.com/storage/docs/interoperability?hl=ko

gsutil cp

cp 명령어는 소스 디렉터리의 파일이나 객체를 목적 디렉터리로 복사하는 명령어다.

Amazon S3 버킷의 파일이나 객체를 Cloud Storage 버킷으로 복사하는 명령어의 예는 다음과 같다.

```
$ gsutil cp -m -r s3://my-aws-bucket gs://example-bucket
```

- -m: 소스 디렉터리에 다수의 파일이나 객체가 있을 때 이 옵션을 붙이면 복사를 병렬 실행(multi-threaded/multi-processing)한다.
- -r: 목적 디렉터리 내에 재귀적인 디렉터리가 존재할 때(서브 디렉터리 등) 그 내용도 복사하는 옵션이다.

🔷 Storage Transfer Service

다른 하나의 방법은 'Migration to GCP'라는 카테고리에 속하는 'Storage Transfer Service'다. 이를 통해 S3에서 GCS로 데이터 전송이 가능하다.

이 방법은 데이터를 전송한다는 의미에서는 앞서 언급한 gsutil 명령어와 같지만 다음과 같이 전송을 정기적으로 실행하는 옵션이 준비되어 있다.

- 일회성 전송 작업이나 반복적인 전송 작업 일정을 예약한다.
- 소스에 해당 객체가 없으면 대상 버킷의 기존 객체를 삭제한다.

- 데이터 소스 객체를 전송한 후 삭제한다.
- 파일 생성 날짜, 파일 이름, 데이터 가져오기 작업에 선호하는 요일을 기준으로 고급 필터를 사용하여 데이터 소스와 데이터 싱크 간에 주기적인 동기화 일정을 예약한다.

출처: https://cloud.google.com/storage-transfer/docs/overview?hl=ko

🔍 둘 중에서 어느 쪽을 사용해야 하나?

GCP에서는 판단에 있어서 다음과 같은 선택을 추천하고 있다.

gsutil 또는 Storage Transfer Service 중에서 무엇을 사용할지 결정하려면 다음 원칙을 따르길 바란다.

1 온프레미스 위치에서 데이터를 전송할 때(1TB 미만 전송)는 gsutil을 사용한다.
2 다른 클라우드 스토리지 공급업체에서 전송할 때는 Storage Transfer Service를 사용한다.
3 그 외의 경우는 구체적인 상황을 고려해서 두 가지 툴을 평가하기 바란다.

출처: https://cloud.google.com/storage-transfer/docs/overview?hl=ko

5.2.2 GCS에서 빅쿼리로 연계하기

계속해서 GCS에서 빅쿼리로 데이터를 읽어 들이는 방법에 대해서 살펴보자.

🔍 GCS → 빅쿼리

이것은 특별히 다른 GCP 서비스를 사용하지 않고 GCS에서 빅쿼리로 파일을 직접 로딩하는 방법이다.

그림 5-3 GCS → 빅쿼리

구체적인 로딩 방법으로는 빅쿼리 콘솔 화면에서 GCS 객체를 지정하는 방법이나 2장에서도 설명했듯이 bq load 명령어를 이용하는 방법이 있다.

bq load 명령어를 사용하는 경우 로드할 데이터 파일에 GCS의 객체를 지정하는 것만으로 간단히 데이터를 로딩할 수 있다.

▼ 예

```
$ bq load \
  --source_format=CSV \
  emp.table \
  gs://emp.csv \
  id:string, name:string, group_id:string
```

⊕ GCS → Google Cloud Functions → 빅쿼리

앞서 언급한 방법에서는 GCS에 업로드된 파일을 로드하려면 사용자가 로딩 작업을 시행해야 한다. 파일의 업로드 완료를 트리거로 하여 자동으로 빅쿼리로 로딩하고 싶은 경우에는 GCF^{Google Cloud Functions}를 이용한다.

그림 5-4 GCS → Google Cloud Functions → 빅쿼리

이 구성의 핵심은 GCF는 어디까지나 빅쿼리에 대해 GCS로부터 로딩 통지를 지시하기만 하는 역할에 충실하다는 점이다.

GCF로 GCS의 데이터를 로딩한 다음 빅쿼리에서 투입하도록 구성하면 필요에 따라서 GCS 파일을 가공하면서 빅쿼리에 데이터를 투입하는 것도 가능하다. 하지만 GCF의 타임아웃이나 메모리 제한 영향을 받을 수도 있으므로 적절한 구성이라고는 할 수 없다. GCS의 데이터를 가공한 후에 빅쿼리에 읽어 들이게 하고 싶다면 나중에 설명할 Cloud Dataflow를 이용할 것을 권한다.

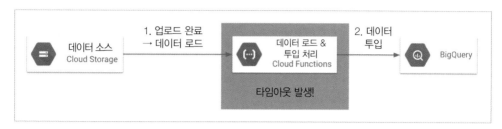

그림 5-5 GCS → Google Cloud Functions → 빅쿼리

빅쿼리에 CSV 파일 로드를 지시하는 예제 코드를 다음과 같이 나타냈다. main.py(파이썬3 형식)와 requirements.txt를 적당한 디렉터리에 작성하길 바란다.

<main.py>

```python
import os
from google.cloud import bigquery

# GCP의 프로젝트 ID를 지정한다.
PROJECT_ID = os.getenv('GCP_PROJECT')
# 로드한 것을 보관할 BigQuery의 데이터세트명을 지정한다.
BQ_DATASET = '[데이터세트명]'
# 로드한 것을 보관할 BigQuery의 테이블명을 지정한다.
BQ_TABLE = '[테이블명]'

def bq_load_from_gcs(event, context):
  # BigQuery의 클라이언트를 생성한다.
  client = bigquery.Client()
  # 데이터세트와 테이블을 지정한다.
  table_ref = client.dataset(BQ_DATASET).table(BQ_TABLE)

  # 읽어 들이는 작업 설정
  job_config = bigquery.LoadJobConfig()
  # 스키마 자동 감지를 유효로 하고 싶은 경우는 True를 지정한다.
  #job_config.autodetect = True
  # 기존 데이터는 덮어쓴다. (다음 페이지 NOTE 참고)
  job_config.write_disposition = bigquery.WriteDisposition.WRITE_TRUNCATE
  # 포맷은 CSV(디폴트)를 지정
  job_config.source_format = bigquery.SourceFormat.CSV
```

```
# 처음 1행은 헤더 행으로 취급한다.
job_config.skip_leading_rows = 1

# CSV 데이터를 읽을 버킷을 설정한다.
uri = 'gs://' + event['bucket'] + '/' + event['name']

# 읽어 들이는 작업 실행
load_job = client.load_table_from_uri(
  uri,
  table_ref,
  job_config = job_config
)
print('Starting job {}'.format(load_job.job_id))
```

참고: https://cloud.google.com/bigquery/docs/loading-data-cloud-storage-csv

> **NOTE**
>
> 위 소스에서 bigquery.WriteDisposition.WRITE_TRUNCATE를 지정하고 있다. bigquery.
> WriteDisposition.WRITE_TRUNCATE 를 지정하면 주석대로 기존 데이터를 덮어쓰게 된다. 참고로
> bigquery.WriteDisposition.WRITE_APPEND라고 지정하면 데이터를 덮어쓰는 것이 아니라 추가할 수
> 있다. 그러나 그럴 경우 멱등성(여러 차례 동일한 처리가 이루어져도 동일한 결과가 나오는 것)을 보증할
> 수 없어 Cloud Functions 함수가 여러 번 호출됐을 때(Cloud Functions 함수는 여러 번 호출될 가능성
> 이 있음)는 데이터가 중복되면서 추가된다. 기존 데이터를 덮어쓰는 것이 아니라 데이터를 추가하고 싶다
> 면 파티션 테이블을 이용할 것을 추천한다.

<requirements.txt>

```
google-cloud-bigquery==1.20.0
```

Cloud Console에서 Google Cloud Functions를 활성화한 후 2개의 파일이 있는 디렉터리
에서 아래의 명령어를 실행하고 GCS에서 빅쿼리로 데이터를 로드하는 파이썬 코드(main.
py)를 배포하도록 한다.

--trigger-bucket 옵션을 지정함으로써 지정한 버킷의 파일 업로드가 완료한 시점에 자동으
로 빅쿼리에 로드 처리(--entry-point 옵션으로 지정한 함수 bq_load_from_gcs)가 실행되
도록 한다.

```
$ gcloud functions deploy bq-load-from-gcs \
```

```
--entry-point=bq_load_from_gcs \
--region=us-central1 \
--source=. \
--runtime=python37 \
--trigger-bucket=[CSV파일을 업로드할 GCS버킷명]
```

배포 완료 후 지정한 GCS 버킷에 대상 테이블 형식에 맞는 CSV 파일을 업로드하면 자동으로 빅쿼리 테이블에 데이터가 로드된다.

⬢ GCS → Cloud Composer → 빅쿼리

데이터 처리에서 GCS에 보관한 데이터를 빅쿼리로 한 번만 로드하는 것이 아닌 정기적으로 로드하고 싶은 경우, 조건에 따라 데이터 로드 타이밍을 제어하고 싶은 경우, 더불어 여러 데이터 소스로부터 로드 순서를 제어하고 싶은 경우 등 다양한 상황이 존재할 것이다. 그러한 경우 GCP가 제공하는 데이터 처리용 워크플로 엔진인 Cloud Composer를 이용하면 좋다.

Cloud Composer는 오픈소스인 Apache Airflow를 기반으로 구축되어 있으며 파이썬으로 기술된 데이터 처리의 워크플로 정의 파일인 DAG 파일을 이용함으로써 데이터 로드 순서나 타이밍을 고려한 복잡한 로드 처리를 실행할 수 있다.

그림 5-6 GCS → Cloud Composer → 빅쿼리

Cloud Composer에 대해서는 5.4절에서 자세히 설명한다.

⬢ GCS → Cloud Dataflow → 빅쿼리

앞서 언급했다시피 이 책에서는 데이터를 미리 가공하지 않고 빅쿼리에 투입한 후 SQL로 가공하는 ELT(Extract/추출 → Load/로드 → Transform/가공)를 기본으로 하고 있다.

하지만 경우에 따라서는 데이터를 가공한 다음 빅쿼리에 투입하는 ETL(Extract/추출 → Transform/가공 → Load/로드)을 채택하고 싶은 경우도 있을 수 있다. 그러한 경우 GCP에서 제공하는 Cloud Dataflow 사용을 추천한다.

그림 5-7 GCS → Cloud Dataflow → 빅쿼리

Cloud Dataflow는 오픈소스 분산 데이터 처리 프레임워크인 Apache Beam을 기반으로 구축되어 있고 다양한 데이터 소스에 대한 데이터 읽기/쓰기 및 사용자가 원하는 가공 처리를 자바, 파이썬, Go 언어로 작성할 수 있다. Cloud Dataflow 실행 환경은 GCP로 관리되고 있으며, 대규모 데이터에 대해서는 데이터 처리에 사용하는 가동 인스턴스가 자동으로 스케일아웃 하도록 되어 있다.

또한 앞서 설명한 Cloud Composer에 의한 데이터 로딩 제어와 Cloud Dataflow의 읽기/쓰기 및 가공을 조합할 수도 있다.

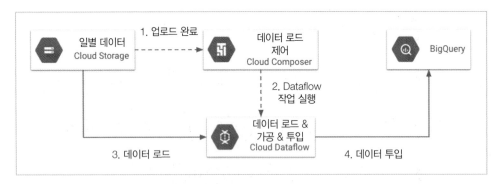

그림 5-8 Cloud Composer와 Cloud Dataflow 조합

게다가 Cloud Dataflow는 GCS나 GCP에서 제공하는 각종 데이터베이스 서비스 등의 고정적인 데이터 소스에서 일괄적으로 처리하는 데이터 읽기/쓰기 및 가공 처리뿐 아니라 시시각

각 데이터가 전송되는 스트리밍 데이터 처리도 지원하고 있다(스트리밍 데이터 처리는 6장에서 다룬다).

5.2.3 BigQuery Data Transfer Service

지금까지 GCS에서 빅쿼리로 데이터를 로드하는 방법을 살펴봤다. 그리고 또 다른 예로 AWS S3에 대용량 데이터가 있는 경우 5.2.1절에서 설명했듯이, 일단 S3에서 GCS로 데이터를 전송한 다음 빅쿼리에 데이터를 로드하는 방법을 우선 생각할 수 있다. 하지만 GCP에 준비된 BigQuery Data Transfer Service for S3를 이용하면 AWS S3에서 직접 빅쿼리로 데이터를 로드할 수 있어 데이터를 전송하는 번거로움이나 GCS 패킷 요금을 줄일 수 있다.

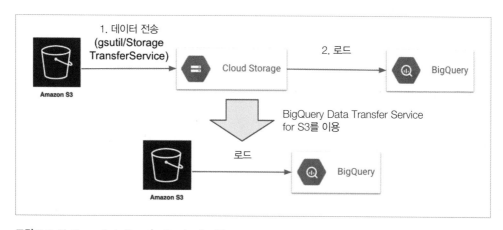

그림 5-9 BigQuery Data Transfer Service for S3

BigQuery Data Transfer Service는 GCP 안에서 **Migration to GCP** 카테고리에 속하는 서비스다. AWS S3 이외에도 구글 플레이나 구글 애드 데이터를 직접 빅쿼리로 로드할 수 있다.

5.3 빅쿼리 안에서 데이터 가공하기

새롭게 연계할 테이블도 늘어서 이래저래 바빠졌다고 생각하던 참인데, 이런 로드에 실패했네.

왜 그래?

연계 예정인 테이블에 시험 삼아 빅쿼리로 로드했는데 아무래도 문제가 있는 것 같아서요.

어떤 오류가 났는데?

음, 그러니까... 아무래도 데이터 변환에 실패한 것 같습니다. 날짜 열에 이상한 데이터가 있는 것 같아요.

아하, 그렇군. 날짜가 아닌 값이 들어 있는 것 같네? 문자열 같은데 분명 프로그램에서 봤을 때는 무언가 의미 있는 값이겠지.

그 외에도 몇 가지 실패하고 있는 것 같아서 좀 더 데이터를 수정해야겠네요.

그래야 할 것 같네. 지금까지 우리가 다룬 테이블은 마스터 테이블이었지. 앞으로는 트랜잭션 테이블도 대상 범위에 포함돼서 이런저런 영향이 커질 거야. 트랜잭션 계열 테이블은 사양을 만족하기 위해 일반적이지 않은 데이터를 갖거나 사양을 변경해서 설계와는 다른 데이터를 갖게 하는 식으로 바꾸는 경우가 있어. 특히 레거시 시스템처럼 수십 년이나 사용하고 있는 시스템이라면 더더욱 그렇지.

일부 테이블은 항목이 많아서 꽤 고생할 것 같은데요.

이제부터는 데이터를 깨끗한 상태로 둘 필요가 있지만, 분석 목적을 올바로 인식한 다음 기존 분석도 의식해야 하니 조심하도록 해. 오류만 발생하지 않도록 하면 되는 게 전부가 아니야.

그 말은 '분석을 위한 분석'도 필요하다는 말씀이네요? 왠지 모르지만 갈 길이 먼 것 같습니다.

동감이야.

여기서는 앞서 언급한 범용적인 구성 **2**(GCS에서 빅쿼리로 데이터를 로드하고 빅쿼리 안에서 데이터 가공)에 대해 빅쿼리 안에서 데이터를 가공하는 방법을 살펴보고자 한다. 기본적으로는 빅쿼리가 채택한 표준 SQL과 그 장점을 활용해서 데이터를 가공하는 방법을 소개하겠다.

5.3.1 파일 포맷

5.1.2절 범용적인 구성에서 다뤘지만, S3에서 GCS로 데이터를 연계하는 데 있어 처음에 정할 필요가 있는 것이라면 '어떤 파일 형식으로 연계할 것인가' 하는 점이다. 포맷에 따라 각기 장단점이 있으므로 그 점을 고려해서 정해야 한다. 빈번히 사용되는 파일 포맷으로 CSV 파일을 들 수 있는데 빅쿼리에서도 데이터를 로딩할 경우 기본 소스 형식은 CSV로 되어 있다. CSV 이외에는 다음 포맷을 지원하고 있다.

- Avro
- CSV
- JSON(개행 구분만)
- ORC
- Parquet
- Cloud Datastore 내보내기
- Cloud Firestore 내보내기

여기서는 CSV 파일을 연계한다는 전제로 이야기를 진행하겠다.

참고로 '파일 포맷'은 일반적으로 파일 보관 형식을 가리키는데, 여기서는 '각 파일에 보관된 데이터의 포맷' 의미로 사용한다. 우리들이 빈번히 사용하는 것으로 CSV 파일(.csv)이 있다. 이것은 comma-separated values의 약자이며 쉼표로 나눈 텍스트 데이터를 가리킨다.

5.3.2 스키마(Schema)

🔍 열과 데이터형

CSV 파일로 테이블 데이터를 연계할 경우 CSV 파일에 포함된 열과 그 데이터형이 빅쿼리에 작성할 테이블로 가져올 수 있도록 테이블 스키마를 작성할 필요가 있다. 그리고 그때 다양한 RDB 데이터형과 빅쿼리로 보관 가능한 데이터형의 정합성을 검토해야 한다.

매출 등 금액을 표현하는 열

예를 들어 소매업의 경우 매출이나 원가 등 금액에 관한 데이터는 매우 중요하다. 따라서 일반적으로는 정밀도가 높고 정확한 숫자를 표현할 수 있는 데이터형을 사용한다. 일례를 들면 마이크로소프트가 제공하는 RDMS인 SQL Server에서는 소수점 이하의 정확한 값이 요구되는 금액에 관해서 계산할 용도에 따라 money, smallmoney라는 데이터형이 준비되어 있다. decimal형이나 numeric형 사용도 가능하지만, 열 수가 많은 테이블 안에서 그 열이 금액임을 명시적으로 나타내려면 money, smallmoney 데이터형을 채택하는 것이 현명할 것이다.

그럼 빅쿼리에 이것을 가져올 경우 어떻게 데이터형을 사용할 수 있을까? 위의 money, smallmoney에 대응 가능한 데이터형으로는 FLOAT64, NUMERIC을 예로 들 수 있다.

그러나 FLOAT64(부동소수점형)를 사용할 경우, 부동소수점 값은 정밀도가 높은 값이 아니라 소수 부분의 근삿값이 되므로 적절하지 않을 수 있다. 이에 반해 NUMERIC 데이터형을 사용할 경우, 10진수 38자리의 정밀도와 10진수 9자리의 비율로 정확한 숫자로 표현할 수 있어 목적에 맞는 데이터형이 된다. 빅쿼리 문서에서도 '이 형은 소수 부분을 정확하게 나타낼 수 있어 재무 계산에 적합하다'고 설명한다.

참조: https://cloud.google.com/bigquery/docs/reference/standard-sql/data-types?hl=ko#numeric_
types

* '정밀도'는 전체 자릿수, '비율'은 소수점 이하 자릿수를 나타낸다.

ID 등 식별을 표현하는 열

ID 등 식별을 표현하는 열은 모든 종류의 테이블에 존재한다. 이러한 열은 숫자만으로 표현되는 경우와 숫자 및 알파벳 등의 조합으로 표현되는 경우로 나눌 수 있다.

일반적으로 전자는 정수형, 후자는 문자열형으로 표현될 것이다. 그러나 시스템 개발 경위나 운용에서 여러 가지 사정에 의해 내용 자체는 정수형이지만 데이터형은 문자열인 경우도 자주 볼 수 있다. 이 경우 GCS에서 빅쿼리로 데이터를 가져올 때 한꺼번에 정수형으로 변환해 달라는 요구가 발생할 수도 있다.

하지만 이른바 정규화된 DB의 경우 그 DB 안의 특정 테이블의 특정 열을 변경하는 것만으로 다른 여러 테이블에 나쁜 영향을 끼칠 수 있다. 당연히 그 영향 범위를 조사한 다음에 데이터형을 결정하지 않으면 나중에 다수 테이블을 결합해 하나의 큰 테이블로 작성한 후(비정규화), 그것을 데이터 분석에 활용하려고 할 때 테이블 간의 연결점이 없어지는 난관에 봉착하게 된다.

또한 대충 봤을 때는 정수형 열로 보였지만 실은 일부 문자열이 혼재하는 경우도 있다. 이 경우에는 아무런 대책을 마련하지 않았다면 오류가 발생한다. SAFE_CAST를 사용하는 방법도 있지만 원시 데이터 내용을 확인하지 않고 모두 NULL로 바꾸는 것은 데이터 분석에 기여하는 플랫폼 제작이라는 관점에서 신중하게 검토해야 한다.

날짜를 표현하는 열

날짜를 표현하는 열도 모든 종류의 테이블에서 나타나는 열이라고 말할 수 있다. 단, 날짜라는 추상적인 관점에서는 대응할 데이터형은 실제로 다양하다.

빅쿼리에 준비된 데이터형을 열거하는 것만으로도 다음과 같은 종류가 있다.

데이터형	설명	범위
날짜형(DATE)	논리 캘린더 날짜를 표시	0001-01-01 ～ 9999-12-31
날짜/시간형 (DATETIME)	연, 월, 일, 시, 분, 초 및 서브 초 표시	0001-01-01 00:00:00 ～ 9999-12-31 23:59:59.999999
타임스탬프형 (TIMESTAMP)	마이크로초 정밀도로 절대적인 시각 표시	0001-01-01 00:00:00 ～ 9999-12-31 23:59:59.999999 UTC

이와 더불어 실제 테이블에서는 연월일이 문자열형으로 입력된 경우도 자주 볼 수 있다. 이 경우 앞서 언급한 ID처럼 연월일 표현에 바람직하지 않은 표현, 날짜형(DATE) 범위(0001-01-01 ~ 9999-12-31)를 넘는 값이 입력되는 경우도 있다. 그러므로 데이터 일부를 대충 살펴본 후에 문자열형 날짜 열을 날짜/시간 형태로 변환하려 했을 때 오류가 발생하는 사태에 직면할 수도 있다.

이러한 사태를 회피하기 위한 작업이 나중에 언급할 클렌징이다. 실제 기업 환경에서 수집되는 데이터는 오염되어 있는 것이 대부분이며, 이것을 데이터 분석에 유용한 상태로 정비하는 작업이 바로 클렌징이다. 데이터 분석 플랫폼을 위한 필수 작업 중 하나라고 할 수 있다.

이러한 내용을 고려해서 데이터 Load 단계에서는 원시 데이터의 질이나 양을 훼손하지 않도록 가능한 한 그대로 가져오는 스키마를 준비하는 것이 상책이다. 예를 들어 다음과 같은 JSON으로 스키마를 정하는 경우 sales_number나 sales_date를 문자열로 그냥 가져온다.

```
[
 {
  "mode": "NULLABLE",
  "name": "sales_number",
  "type": "STRING" <- 문자열 그대로 처리
 },
 {
  "mode": "NULLABLE",
  "name": "sales_date",
  "type": "STRING" <- 문자열 그대로 처리
 },
 ...
]
```

⍉ 스키마 자동 검출

앞서 언급한 칼럼 '스키마 자동 검출은 만능인가?'에서 빅쿼리에는 스키마를 자동으로 검출하는 편리한 기능이 있다. 물론 지장이 없다면 실제 운용 환경에서도 이용할 수 있다. 하지만 데이터 웨어하우스 구축에서는 엄밀히 데이터형을 정한 스키마를 준비하는 것이 일반적이다.

5.3.3 쿼리

스키마를 적절하게 정의하고 첫 번째 단계로 빅쿼리에 원시 데이터를 가져왔다면 다음으로 검토해야 하는 것은 각종 테이블의 데이터를 가공하는 데 필요한 쿼리다. 데이터 웨어하우스 구축이라는 목적으로 나누면 크게 다음 세 가지를 생각해볼 수 있다.

1 가져온 각 테이블의 클렌징을 목적으로 하는 쿼리
2 분석의 시작점이 되는 커다란 테이블을 작성하기 위한 쿼리(이력 테이블 작성과 결합 테이블 작성)
3 데이터 분석 목적에 따라 시작점이 되는 테이블을 여러 개 조합하기 위한 쿼리

물론, 이런 분류로 한정되지는 않는다. 데이터 분석 목적이나 실현 가능성에 따라 유연하게 대처할 필요가 있다.

▼ 표준 SQL 데이터형

https://cloud.google.com/bigquery/docs/reference/standard-sql/data-types?hl=ko

▼ 표준 SQL 변환 규칙

https://cloud.google.com/bigquery/docs/reference/standard-sql/conversion_rules?hl=ko

5.3.4 클렌징

1의 클렌징은 그 내용이 여러 개로 나뉘어 기법이나 절차가 다양하다. 여기서는 그 기법의 한 예를 들고 있다.

① NULL 및 빈 문자를 분석 목적에 따른 데이터로 변환한다. 이것은 분석 목적에 따라 결손 값 보완과 관련된 경우가 있다.
② 정확하지 않은 값을 제거 또는 분석 목적에 따라 치환한다. 이것도 분석 목적에 따라 결손 값 보완과 관련된 경우가 있다. 참고로 정확하지 않은 값의 존재 유무를 어떻게 확인할 것인지에 대한 문제도 있다. 수백, 수천 행 정도의 샘플을 살펴봐도 그 안에 정확하지 않은 값이 포함되어 있는지 확실히 검증할 수 있다고 장담할 수 없다. 그러므로 개발 단계에서 정확하지 않은 값의 존재가 검증 가능한 정도의 데이터양을 취득해, 설정한 데이

터형으로 오류가 발생하지는 않는지 검증해야 할 수도 있다.

③ 문자열형 데이터를 분석 목적에 따른 데이터형으로 변환한다. 그때 문자열 데이터를 분석하고 변환할 곳의 데이터형에 따르도록 재구축할 필요가 있다.

④ 앞서 언급했듯이 사업에서의 금액에 관한 데이터는 매우 중요하기 때문에 변환 소스의 데이터형을 확인하여 변환할 수 있거나 적절한 데이터형, 예를 들어 NUMERIC으로 변환한다. 단, 엄밀함을 추구하지 않는 경우는 FLOAT64도 검토한다.

> 빅쿼리에 데이터를 로드할 때 또는 데이터의 쿼리를 실행할 때 데이터 크기에 따라 요금이 발생한다. FLOAT64로 변경하면 데이터 크기는 NUMERIC의 절반으로 된다는 이점이 있다.

참고: https://cloud.google.com/bigquery/pricing?hl=ko#data

데이터형	사이즈
INT64/INTEGER	8바이트
NUMERIC	16바이트

⑤ 날짜/시간형(DATETIME) 또는 타임스탬프형 중 어느 쪽을 채택할지 검토가 필요한 경우도 있다. 4장에서 소개했듯이 빅쿼리에서는 '파티션 분할 테이블'이라는 데이터 관리나 조회를 보다 간단히 실행할 수 있고 쿼리 성능을 향상시키는 테이블 작성이 가능하다. 단, 이 테이블을 작성할 경우 분할에 사용하는 열은 DATE형 또는 TIMESTAMP형 중 하나여야 한다. 그러므로 분할 기준이 되는 열의 데이터형을 둘 중 하나로 해야 한다.

구체적인 쿼리의 예로, 여기서는 위 ③에 상당하는 매출 상세 테이블의 매출일을 들어보겠다. 매출일 열이 문자열이면 거기에 예기치 않은 날짜 데이터가 들어 있을 수 있다. 앞서 언급한 날짜형(DATE)의 범위를 벗어난 값, 예를 들어 20109999라는 값이 들어 있다고 가정해 보자. 이 경우 다음의 샘플 쿼리 방법으로 오류를 회피할 수 있다. 참고로 범위를 벗어난 값은 제외돼서 집계되므로 그 필요 여부를 검토할 필요가 있다.

```
SELECT
    item_code, # 상품코드
    item_name, # 상품명
    sales_category, # 상품분류
    department_code, # 부문코드
    store_code, # 점포코드
    sales_date, # 매출일
    sales_quantity # 판매 수량
```

```
FROM
    dwh.sales
WHERE
    SAFE.PARSE_DATE("%Y%m%d", sales_date) IS NOT NULL
```

앞서 언급했듯이 이 책에서는 ETL이 아닌 ELT 방법을 소개하고 있다. 그러므로 여기서는 빅 쿼리 안에서 쿼리를 활용한 클렌징 소개를 하고 있다. 실제로 때에 따라서는 ETL이 타당한 때도 있으니 클렌징용 서비스나 스크립트를 작성해서 작업에 활용하는 경우도 있다.

5.3.5 이력 테이블 작성하기

다음으로 분석의 시작점이 되는 커다란 테이블을 작성하기 위한 쿼리를 살펴볼 차례다. 이 쿼리를 작성하려면 사업자가 보유하고 있는 시스템이나 데이터가 반드시 데이터 분석에 기 여하는 형태로 개발, 유지되고 있지 않아도 된다는 점을 고려할 필요가 있다. 자주 볼 수 있는 형태라면 사업 현장에 필요한 범위 내에서만 데이터를 보유하는 경우다.

예를 들어 재고에 대해 사업 수행이라는 관점에서만 봤을 때, 전날 시점의 데이터만 있어도 괜찮다고 생각해서 대상 테이블을 매일 갈아엎은 나머지 과거 이력이 전혀 없는 경우도 있 다. 이 경우 재고에 대한 이력 데이터가 없기 때문에 과거 데이터를 분석하려고 해도 대상 데 이터 자체가 존재하지 않는다. 그러므로 매출 데이터만 아니라 과거 특정 시점이나 특정 기 간의 재고 데이터도 포함해서 데이터 분석을 하고 싶은 경우 새롭게 빅쿼리에서 재고의 이력 데이터를 보관할 필요가 있다. 그 방법의 한 예로써 다음과 같은 열을 추가하여 매일 차분 데 이터를 축적하는 식의 방법을 검토할 필요가 있다.

- fromDate
- toDate

물론, 재고 데이터 이외에도 마스터 계열의 데이터 등 이력 형태로 축적하지 않는 테이블이 존재 하는 경우 마찬가지 방법으로 새롭게 빅쿼리에서 재고 이력 데이터를 보관해야 할 것이다.

다음은 매일의 차분 데이터를 이력 테이블로 축적하는 예다.

```
MERGE
 master.department T
 USING
```

```
   cold.department_20190101 S
 ON
  (T.department_code = S.department_code)
WHEN MATCHED THEN
 UPDATE SET
  department_code = S.department_code, # 부문 코드
  department_name = S.department_name, # 부문명
  division_code = S.division_code, # 과 코드
  start_date = S.start_date, # 부문개설일
  end_date = S.end_date # 부문폐쇄일
WHEN NOT MATCHED THEN
 INSERT
 (
  department_code, # 부문 코드
  department_name, # 부문명
  division_code, # 과 코드
  start_date, # 부문개설일
  end_date # 부문폐쇄일
 )
VALUES (
S.department_code, # 부문 코드
S.department_name, # 부문명
S.division_code, # 과 코드
S.start_date, # 부문개설일
S.end_date # 부문폐쇄일
)
```

5.3.6 분석 목적에 맞는 테이블 작성하기

일을 하다 보면 이처럼 이력형으로 축적한 각 테이블을 분석에 기여하도록 필요한 수만큼
결합(JOIN)할 필요가 있다. 그 결합 방법도 분석에 알맞게 돼야 한다. 사업 용도로 작성되어
RDB로 대부분 정규화된 수많은 테이블로부터 필요한 테이블을 추출해 분석 목적에 맞춘 결
과가 산출되는, 이른바 시작점이 되는 커다란 테이블을 작성하기 위해 여러 테이블의 결합을
실행해야 할 것이다.

🔍 WITH 문의 유용성

데이터를 가공(Transform)하는 데 있어서 여러 테이블을 결합(JOIN)하는 경우가 있다. 대부분은 수십 테이블에 이르는 경우도 있어 그 결과에 따라 쿼리가 복잡해지기도 한다.

그때 메인 쿼리의 전제로 서브 쿼리가 등장하는데, 이것을 WITH 문 쿼리에서 실행함으로써 쿼리의 가독성을 좋게 할 수 있다. 더불어 복잡한 쿼리를 WITH 문을 이용해 분해함으로써 읽기 편해진다.

참고 https://cloud.google.com/bigquery/docs/reference/standard-sql/query-syntax?hl=ko

5.4 워크플로 조정

Cloud Storage에 파일을 전송한 후 작업 관리에는 Cloud Composer 라는 서비스를 사용하네요.

응. Apache Airflow라는 작업 워크플로 스케줄링이나 모니터링하는 오픈소스 플랫폼이 있는데 Cloud Composer는 Apache Airflow를 기반으로 한 완전 관리형 서비스야. 사내 작업 관리 툴은 예전부터 사용하기 어려운 UI 방식이었고 이용 신청도 귀찮았지. 하지만 이젠 Cloud Composer로 거기서 해방될 거야.

'여러 가지 일들이 있었나 보네...'
참, 문득 생각 난 건데요, 구글은 독자적인 핵심 기술 외에 오픈소스 형태로 완전 관리형 서비스도 제공하고 있나 보네요.

완전 관리형 서비스를 제공하는 것뿐만 아니라 최근에는 오픈소스 기업과 협업을 진행하면서 더욱더 연계를 강화하고 있어. 이런 추세라면 앞으로 기업의 요구사항에 맞추기 쉬워질 것 같아. 그건 그렇고 DAG는 알고 있어?

DOG말인가요?

저런, 아무래도 모르는 것 같네. Airflow는 DAG라고 불리는 그래프 이론을 기반으로 한 아이디어를 기초로 태스크 집합을 스케줄링해서 워크플로를 실현하고 있어.

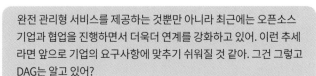

그래프 이론이라... 왠지 모르지만 어려워 보이네요.

그렇지 않아. Airflow DAG는 그다지 어렵지 않고, 처리 실행 순서를 파이썬으로 직감적으로 기술할 수 있을 뿐만 아니라 깔끔하게 시각화할 수도 있어.

파이썬은 머신러닝 프로그래밍에서 자주 듣던 언어네요. 흥미가 있어서 이참에 공부해보려고요.

의존관계 해결이나 재시도, 실행 상황 모니터링 등 어려운 일들은 Airflow에서 처리해. Cloud Composer의 경우 DAG 보관부터 Google Kubernetes Engine 중복 구성까지 전부 자동으로 제공해주고 있어.

점점 더 사용해보고 싶어졌어요.

지금까지 데이터 분석 플랫폼의 핵심 작업에 대해서 순서대로 살펴보았다. 최종적으로는 이 작업들을 자동화하여 보다 실용성이 높은 플랫폼을 구축해서 효율적으로 운용할 필요가 있다. 그래서 여기서는 앞서 언급한 범용적인 구성 **3**(워크플로 조정을 Cloud Composer에서 실행)에 대응한 GCP 서비스, 즉 워크플로를 조정하는 툴인 Cloud Composer에 대해서 살펴본다.

5.4.1 Cloud Composer란?

Cloud Composer는 워크플로를 조정하는 툴이라고 했는데 이것만으로는 명확히 이해가 어려운 사람도 있을 것이다. 그래서 독자 이해를 돕도록 개발 배경과 무엇을 하는 툴인지에 대해 Maxime Buauchemin의 블로그를 바탕으로 소개하려고 한다.

▼ 참조

https://medium.com/airbnb-engineering/airflow-a-workflow-management-platform-46318b977fd8

🔷 개발 배경

Cloud Composer의 기반이 되는 Apache Airflow는 공유 숙소 플랫폼 스타트업으로 유명한 에어비엔비Airbnb 소속의 Maxime Beauchemin에 의해 개발됐다. 서비스를 개발하는 현장에서 많은 일괄 처리를 해야 한다는 점, 그 사이에 의존관계가 있고 비대해질수록 복잡해진다는 점, 그 복잡함은 데이터 엔지니어링 팀에게 큰 부담이 된다는 점에서 개발이 시작됐다.

그리고 그 복잡함을 더한 일괄 처리에 대해 다음과 같은 특징을 언급하고 있다.

- 방향 비순환 그래프(DAGs: directed acylic graphs) 특성을 띠는 경우가 많다. 즉, 개별 일괄 처리와 그 의존관계가 단방향으로 향하며 순환하지 않는다.
- 정기적으로 실행된다.
- 미션 크리티컬[2](개별 일괄 처리가 일련의 처리에 꼭 필요)하다.
- 진화한다(기업이나 팀 성장과 함께 데이터 처리의 질과 양이 늘어난다).
- 분석 툴의 진화 속도는 빠르고 보다 더 이질적인 여러 시스템을 연결할 필요가 있다.

이러한 특수성을 고려해서 개발한 Airflow는 그 개발 배경을 시간 축으로 따라가보면 2014년 10월 개발이 시작되어 2015년 6월 오픈소스 소프트웨어(OSS)로 공개되었고 2016년 3월 아파치 소프트웨어 재단의 인큐베이션 프로그램으로 채택되었다. 2019년 1월에는 아파치 소프트웨어 재단에서 최고 수준의 프로젝트로 승격했다. 즉, 배후에 있던 요구사항을 만족시키고 다기능과 유연한 데이터 파이프라인 작성 능력이 다방면에서 평가되어 아파치 소프트웨어 재단의 최고 수준의 프로젝트가 되었다고 생각한다.

▼ 참조

https://airflow.apache.org/docs/stable/project.html

🔷 개요

Cloud Composer는 구글 문서에서 설명하는 대로 워크플로 작성, 스케줄 설정, 모니터링/관리를 지원하는 관리형 Apache Airflow 서비스다. 그 요소를 더 자세히 살펴보자.

워크플로workflow는 문자 그대로 '일의 흐름'을 가리키는 것인데 이 '일'과 '흐름'을 DAG 파일

---

2 미션 크리티컬(Mission Critical): 업무 수행을 위하여 필수 불가결한 요소를 말한다. 이 기능이 정상적으로 작동되지 않거나 파괴되면 업무 수행 전체에 치명적인 영향을 미쳐 조직이나 사회에 심각한 문제를 일으킬 수 있다.

이라고 불리는 .py 파일에 'Operation(개별 일)' 집합으로 파이썬 기법에 따라 코딩할 수 있는 구조로 되어 있다. 예를 들어 GCS, BQ, bash 등 시키고 싶은 일을 Operation으로 하나씩 정의함과 동시에 그 의존관계도 정의할 수 있다.

스케줄 설정도 문자 그대로 '개별 일'의 계획을 시간 축 방향으로 다양하게 설정할 수 있다. 예를 들면 1회 실행(@once), 정기 실행(@daily), Cron 지정에 따라 자유자재로 워크플로 실시 계획을 정의할 수 있다.

게다가 모니터링/관리 가능한 UI를 갖추고 있다. Cloud Composer의 경우 GAE(Google App Engine)에서 가동하는 웹 애플리케이션에 워크플로나 스케줄 설정이 시각화되어 있어 눈으로 직접 모니터링할 수 있다. 또한 개별 Operation을 수동으로 실행하거나 취소하는 것도 가능하다.

그리고 이상의 기능을 갖는 소프트웨어를 제공하는 환경이 필요한데 Cloud Composer에서는 Airflow UI를 GAE상에, 그 이외의 기능을 GKE상에 구축하고 있어 클릭 한 번으로 환경 구축이 가능하도록 구글이 완전히 관리하는 구조로 되어 있다.

Apache Airflow 구조

이번에는 Cloud Composer를 실현한 Apache Airflow의 구조에 대해서 설명한다. 작성한 DAG 스크립트가 Apache Airflow 내에서 어떻게 실행되는지 좀 더 깊이 있게 알아보자.

앞서 언급한 Operation(개별 작업)은 Apache Airflow에서 Operator와 그 의존관계로 정의해 실행함으로써 구현한다. Operator 종류는 매우 많으며 기저 클래스인 BaseOperator를 계승하는 형태로 다양한 작업을 시행하는 Operator가 준비되어 있다(구체적인 Operator에 대해서는 나중에 설명). OSS이기 때문에 사용자 정의도 가능하지만 Composer에서는 플러그인이라는 형태로 독자 Operator를 정의할 수 있다.

Operator는 DAG 파일에 파이썬 표기법에 따라 코딩한다는 점을 앞에서 설명했다. 그리고 DAG 파일을 Airflow가 정기적으로 실행해 DAG 파일에 정의된 Operator와 그 의존관계를 해석한다(구문 해석). 정의된 Operator가 한번 인스턴스화되면(메모리 영역을 확보하면) 그 후에는 정의한 파라미터를 갖는 task로 참조할 수 있게 된다. 동시에 task가 DAG의 노드 1개가 된다.

단, 이 단계에서는 개별적으로 구체적인 task를 실행하지는 않는다. 정의한 스케줄이나 외부 트리거에 의한 실행을 기다리기만 하는 상태다.

그러므로 여기서 task와는 별도의 개념인 task_instance라는 개념이 생긴다. 인스턴스화된 task의 특정 시점 실행을 가리키는 것이다. 특정 DAG, 특정 task 그리고 특정 시점에 의해 특징을 갖게 된다. 더불어서 task 그 자체의 상태(실행 중, 성공, 실패, 스킵, 재시도 등)를 가진다.

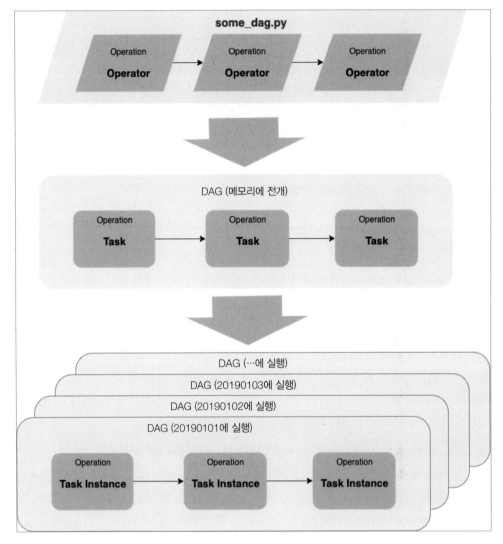

그림 5-10 Apache Airflow 구성

⬡ Cloud Composer 아키텍처

구글 문서에 있듯이 Cloud Composer는 스케줄러(Scheduler), 워커(Worker), 레디스(Redis)가 GKE에서 동작하고 Airflow UI는 GAE에서 동작하는 구조로 되어 있다. 그리고 [그림 5-11]에는 나와 있지 않지만 다수의 Operation이 정의되어 서로 의존관계를 갖는 경우에 그것들을 분산 처리하는 구조로 Celery Executor가 채택되어 있다.

Airflow 자체는 OSS이므로 로컬 환경에 분산 처리하지 않는 구성으로 아키텍처를 구축하는 것도 가능하다. 그러기 위해 Sequential Executor가 준비되어 있다.

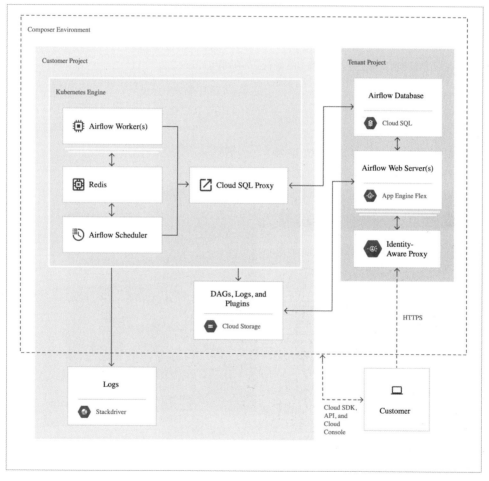

그림 5-11 Cloud Composer 아키텍처
출처: https://cloud.google.com/composer/docs/concepts/overview?hl=ko#architecture

5.4.2 간단한 예제를 동작시켜 이해하기

개발 배경과 개요를 통해 Cloud Composer의 간략한 형태를 이해했다면 여기서는 실제로 간단한 예제를 작성하고 실행해봄으로써 보다 구체적으로 알아보자.

🔍 환경 설정

처음에 해야 할 것은 Cloud Composer를 움직이기 위한 환경 구축이다. 콘솔, gcloud 명령어, REST API 등을 통해 환경 설정이 가능하다. 여기서는 콘솔에서 작성하는 방법을 소개한다.

> **NOTE**
>
> 환경 설정에 대한 자세한 설명은 다음 URL을 참조하길 바란다.
>
> https://cloud.google.com/composer/docs/how-to/managing/creating

STEP 1 GCP 콘솔 왼쪽 창에서 Composer를 선택한다.

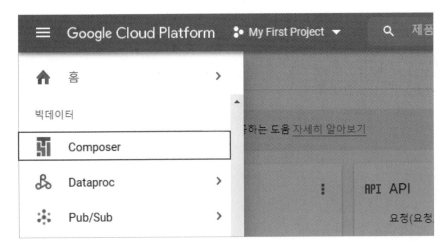

그림 5-12 GCP 콘솔 왼쪽 창

참고로 Cloud Composer API가 활성화되어 있지 않으면 권한이 있는 사람에게 활성화 요청을 해서 활성화해야 한다.

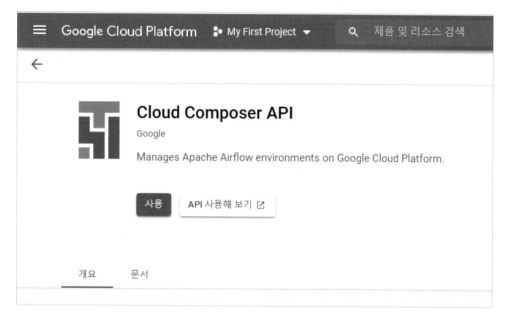

그림 5-13 Cloud Composer API

STEP 2 Composer 콘솔에서 새롭게 환경을 만든다. 그림 안의 [CREATE ENVIRONMENT]
버튼을 클릭한다.

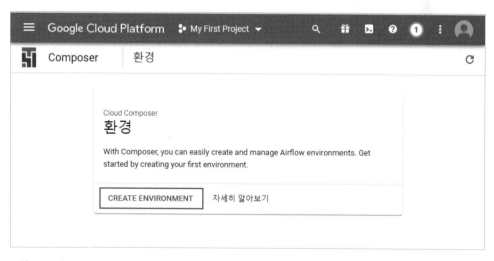

그림 5-14 Cloud Composer 새로 만들기

STEP 3 환경 작성에 필요한 항목을 입력한다. 여기서는 필수 항목(이름, 위치), 디스크 크기, 이미지 버전, 파이썬 버전을 지정하고 그 외는 기본값으로 한다.

설정 항목	설정 내용
이름	dwh-dev
위치	여기서는 리전을 us-central1로 지정한다.
디스크 사이즈	필요에 따라 지정하는데 여기서는 최소 크기인 20기가바이트로 설정한다.
이미지 버전	composer-1.7.5-airflow-1.10.9
파이썬 버전	3

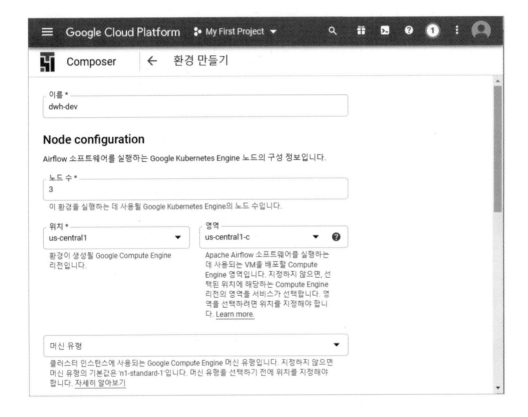

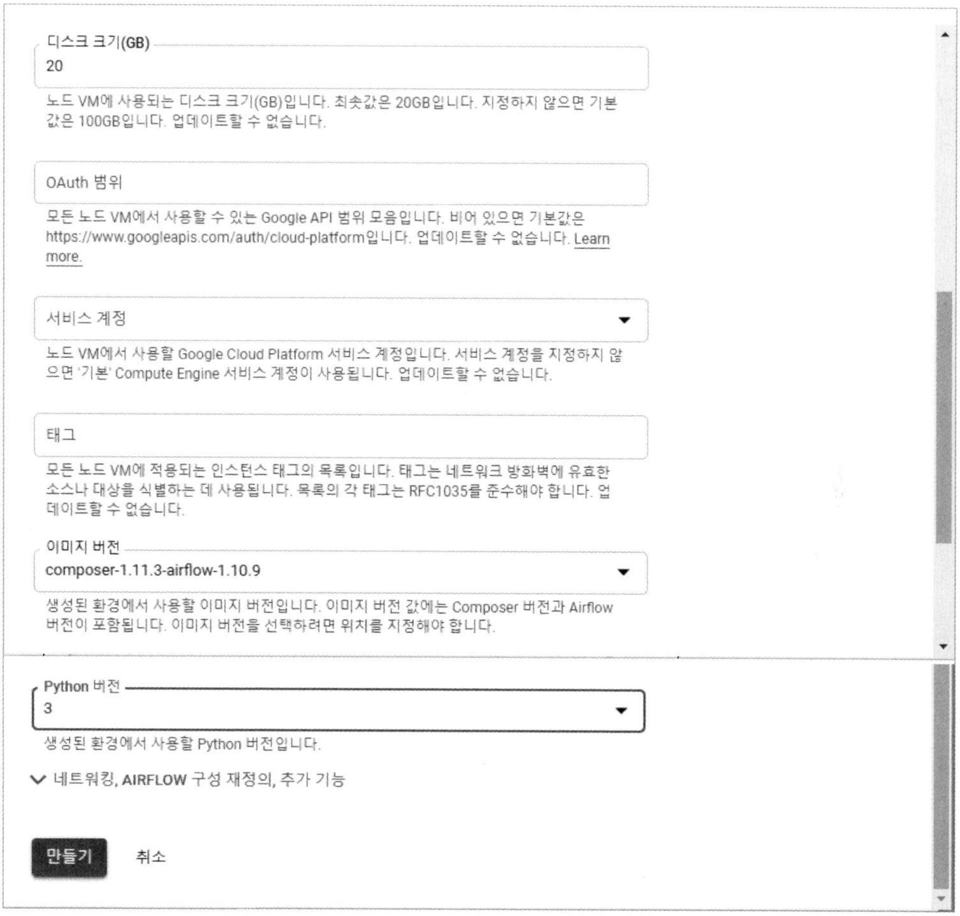

그림 5-15 Cloud Composer 환경 작성

참고로 개발 환경과 실제 운용 환경에서 필요한 구성은 바뀔 수도 있다. 갱신할 수 없는 항목이 있으므로 실제 운용 환경에서는 개발 환경의 시행착오를 참고하여 적절한 구성으로 설정해야 한다.

STEP 4 맨 마지막 단에 있는 [만들기] 버튼을 클릭한다.

STEP 5 실제로 환경이 구축되고 다음 단계로 진행하기까지 몇 분 정도 소요된다.

💠 예제 DAG 작성

앞서 파이썬 표기법에 따라 작업(Operation)과 그 흐름(의존관계)을 기술하는 DAG 파일에 대해 다뤘다. 여기서는 개별 Operation을 매우 단순화하여 그것이 순서대로 실행되어 완료될 때까지의 움직임을 살펴보고자 한다.

우선, 아래의 예제 코드를 살펴보자. 코드 안에 주석을 넣어두었으므로 위에서부터 순서대로 어떠한 목적으로 어떠한 Operation(Operator로 정의)을 조합하고 의존관계를 정의하고 있는지 따라가며 살펴보길 바란다.

▼ sample_dag.py

```python
#!/usr/bin/env python3
# -*- coding: utf-8 -*-

from airflow.models import DAG

from airflow.operators.bash_operator import BashOperator
from airflow.operators.dummy_operator import DummyOperator

from datetime import timedelta, datetime
import pendulum


# time zone을 한국 시간으로 설정하려면 pendulum 등의 library를 이용한다.
local_tz = pendulum.timezone("Asia/Seoul")


"""
DAG는 개별 task와 그 의존관계를 정의한 task의 집합체다.
처음에 DAG 객체를 정의하고 개별 task의 인수로 갖게 함으로써
공통된 인수(스케줄, 재시도 유무나 횟수 등)를 설정해 task 집합인 DAG를 정의하고 있다.
"""
# DAG 객체에서 이용하는 공통된 인수를 정의한다.
default_args = {
    'owner': 'Airflow',
    'start_date': datetime(2019, 1, 1, tzinfo=pendulum.timezone('Asia/Seoul')),
    'depends_on_past': True,
    'retries': 1,
    'retry_delay': timedelta(minutes=5),
}

# DAG 객체를 정의한다.
```

```python
# 여기서는 정기 실행의 정의(schedule_interval)를 '1회만'으로 하고 있다.
dag = DAG(
    dag_id='sample_dag',
    default_args=default_args,
    schedule_interval='@once',
)


""" 여기서는 개별 task 정의를 시작한다. """
# 우선, BashOperator를 사용하여 현재 시각을 표시한다.
operator_1 = BashOperator(
    task_id='operator_1',
    bash_command='echo {}'.format(datetime.now()),
    dag=dag,
)


# 다음으로 워크플로를 보기 위한 도구로 더미 오퍼레이터를 정의한다.
# 더미 오퍼레이터는 자기 자신이 특별한 처리를 하지 않는다.
# 다만, 오퍼레이터 사이에 개입시킴으로써 의존관계 정의에 유용한 경우가 있다.
#   여기서는 DAG를 이해하기 위한 도구로 사용한다.
operator_2 = DummyOperator(
    task_id='operator_2',
    trigger_rule='all_success',
    dag=dag,
)


# 2번째 더미 오퍼레이터다.
operator_3 = DummyOperator(
    task_id='operator_3',
    trigger_rule='all_success',
    dag=dag,
)


# 3번째 더미 오퍼레이터다.
operator_4 = DummyOperator(
    task_id='operator_4',
    trigger_rule='all_success',
    dag=dag,
)


# 마지막으로 한 번 더 bash operator를 사용하여 현재 시각을 표시한다.
operator_5 = BashOperator(
    task_id='operator_5',
    bash_command='echo {}'.format(datetime.now()),
    dag=dag,
)
```

```
# 의존관계 기술법은 여럿 있다.
# 여기서는 직감적으로 이해하기 쉽게 bit shift operator를 사용한 방법으로 기술하고 있다.
# operator_3, operator_4에 대해서는 리스트([]) 안에 쉼표 구분으로 기술하고 있는데
  이것에 의해 두 갈래로 분기하여 분기 후 양쪽이 실행된다.
operator_1 >> operator_2 >> [operator_3, operator_4] >> operator_5
```

🔍 CLI에서 DAG 파일 import 및 스케줄에 의한 실행

STEP 1 Cloud Composer에서는 CLI를 이용할 수 있다.

여기서는 DAG 파일을 두는 GCS 버킷 조작에 관한 명령어에 대해 소개한다.

* 자세한 내용은 다음 URL에서 -help 플래그로 조사하길 바란다.
  https://cloud.google.com/sdk/gcloud/reference/composer/environments/storage/?hl=ko
* CLI를 이용할 경우 로컬 PC에 Cloud SDK 도입, cloud shell이 필요하다. 자세한 내용은 다음 URL을 참조하길
  바란다.
  https://cloud.google.com/sdk/?hl=ko
  https://cloud.google.com/shell/?hl=ko

STEP 2 gcloud composer environments 명령어군 하위에 있는 storage 명령어군에는 그 아래에 dags, data, plugins 명령어군이 있다. 각각 GCS의 폴더 내에 보관된 파일을 import, export, list, delete 하는 명령어를 포함한다. 그중에서 빈번히 사용하는 것이 dags의 import, export, list, delete일 것이다. 이것은 GCS의 dags 폴더에 독자들이 정의한 DAG 파일을 import, export, list, delete 하는 명령어다.

STEP 3 처음에는 현재 작성해둔 환경(여기서는 dwh-dev라는 이름)의 list를 표시해보자.

```
$ gcloud composer environments storage dags list \
  --environment dwh-dev \
  --location us-central1
```

아래와 같이 직접 정의한 DAG 파일이 import 되어 있지 않은 상태에서는 다음과 같이 될 것이다. 참고로 airflow_monitoring.py는 환경 설정할 때 자동으로 작성되는 모니터링용 파일이다.

```
NAME
dags/
dags/airflow_monitoring.py
```

STEP 4 다음은 sample_dag.py를 import 명령어를 사용해 dags 폴더에 가져온다.

```
$ cd YOUR_DIRECTORY
$ gcloud composer environments storage dags import \
  --environment dwh-dev \
  --location us-central1 \
  --source ./sample_dag.py
```

UI에서 DAG 파일 import 및 스케줄에 의한 실행

다른 방법으로 UI에서 dags 폴더에 직접 업로드하는 것도 가능하다. 간단한 테스트에 이용하는 경우나 CLI에 익숙하지 않은 사람은 UI를 이용하는 편이 간편할 수도 있다.

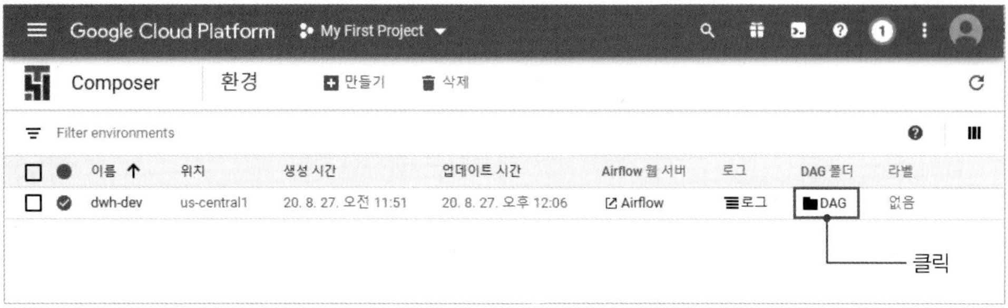

그림 5-16 UI에서 DAG 파일 import

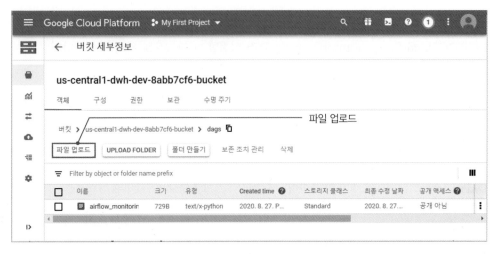

그림 5-17 UI에서 DAG 파일 import

ⓠ 예제 DAG 실행

명령어 실행 후의 dags 폴더다. 위의 파일이 import 되어 있는 것을 알 수 있다.

그림 5-18 예제 DAG 실행

Airflow의 UI에 액세스하면 sample_dag라는 DAG가 추가되어 있음을 알 수 있다. 이 예제에서는 @once라는 스케줄이므로 즉시 Operation이 의존관계대로 실행되며 성공

(success)하면 녹색 동그라미로 표시된다.

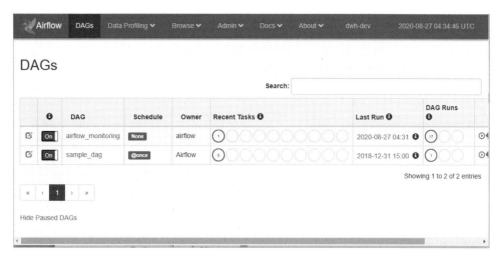

그림 5-19 예제 DAG의 UI

Graph View를 클릭하면 Operation의 의존관계와 그 실행의 성공 여부가 표시되고 있음을 알 수 있다.

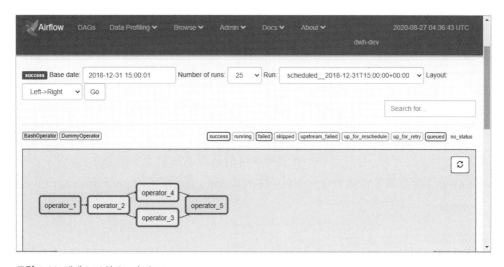

그림 5-20 예제 DAG의 GraphView

5.4.3 Operation을 구현하는 Operator

🔍 Operator 해설

앞에서 Operator에 의해 정의된 개별 Operation이 그 의존관계와 함께 순서대로 실행되고 있음을 볼 수 있었다. 이번에는 Operator에 대해서 좀 더 자세히 알아보고 종류에 대해서도 살펴보고자 한다.

DAGs가 어떻게 워크플로를 조합해서 작성하는 것인지를 기술한 것이라면, Operator는 워크플로 안에서 수행되는 개별 작업을 기술한 것이다. 기본적으로 하나하나가 독립된 작업 단위이며, 정의된 순서에 따라 작업이 진행되고 다른 Operator로부터 영향은 받지 않는다.

어떻게 해서든 Operator끼리 정보를 공유할 필요가 있다면 XCom이라는 방법을 사용한다. 그리고 Airflow에는 범용적인 작업을 처리할 수 있는 여러 종류의 Operator가 준비되어 있다. 다음은 문서에 나와 있는 Operator에 대한 소개다.

- BashOperator – bash command를 실행한다.
- PythonOperator – 임의의 Python function을 호출한다.
- EmailOperator – email을 송신한다.
- SimpleHttpOperator – HTTP request를 실시한다.
- MYSqlOperator, SqliteOperator, PostgresOperator, MsSqlOperator, OracleOperator, JdbcOperator, etc. – 다양한 DBMS의 SQL command를 실행한다.

그리고 다른 Operator와는 조금 성질이 다르지만 Sensor라는 Operator가 있다.

- Sensor – 특정 시간 구간, 파일 도착, DB 행 추가 등을 감지한다

다만, 이것들은 어디까지나 기본적인 Operator이며 이외에도 다양한 용도의 Operator가 준비되어 있다.

게다가 클라우드 서비스를 이용하는 데 있어 특히 알고 있어야 할 것은 다양한 클라우드 서비스용 Operator가 제공되고 있다는 점이다(문서의 Integration, Community contributed Operators에 게재되어 있다).

▼ 참조

https://airflow.readthedocs.io/en/1.10.2/concepts.html#operators

https://airflow.readthedocs.io/en/1.10.2/integration.html#gcp-google-cloud-platform

https://airflow.readthedocs.io/en/1.10.2/code.html#community-contributed-operators/small

⊕ 범용적인 Operator

앞 절에서 범용적인 작업을 처리할 수 있는 Operator에 대해 알아보았다. 여기서는 그중에서도 Composer(Airflow)를 활용한 개발에 있어서 빈번하게 사용되는 다음 Operator에 대해서 예를 들어 소개한다.

- PythonOperator
- BranchPythonOperator
- TriggerDagRunOperator

1. PythonOperator

파이썬으로 함수를 정의하고 worker상에서 실행하기 위한 Operator다.

▼ python_operator.py

```python
#!/usr/bin/env python3
# -*- coding: utf-8 -*-


from airflow.models import DAG

from airflow.operators.bash_operator import BashOperator
from airflow.operators.python_operator import PythonOperator

import pendulum
import random
from datetime import timedelta, datetime

# time zone을 한국 시간으로 설정하려면 pendulum 등의 library를 이용한다.
local_tz = pendulum.timezone("Asia/Seoul")

"""
python_operator.py는 처음에 BashOperator를 사용하여 현재 시각을 설정하고 다음으로
Python 함수를 정의한 후에 PythonOperator에 의해 그 함수를 호출하고 난수를 표시하는
AG다.
"""

# DAG 객체로 이용할 공통된 인수를 정의한다.
default_args = {
    'owner': 'Airflow',
    'start_date': datetime(2019, 1, 1, tzinfo=pendulum.timezone('Asia/Seoul')),
    'depends_on_past': True,
```

```python
    'retries': 1,
    'retry_delay': timedelta(minutes=5),
}

# DAG 객체를 정의한다.
# 여기서는 정기 실행의 정의(schedule_interval)를 '한 번만'으로 하고 있다.
dag = DAG(
    dag_id='python_operator',
    default_args=default_args,
    schedule_interval='@once',
)


# 우선은 BashOperator를 사용하여 현재 시각을 표시한다.
operator_1 = BashOperator(
    task_id='operator_1',
    bash_command='echo {}'.format(datetime.now()),
    dag=dag,
)


# 다음으로 PythonOperator를 작성한다.
# PythonOpeartor에서는 호출할 함수를 먼저 정의할 필요가 있다.
# 그 함수에서 인수를 설정하는 것도 가능하다.
def print_random(rnd):
    print(rnd)
    return '이 반환값은 log에 출력됩니다;' + str(rnd)


# 난수를 발생시킨다.
rnd = random.random()
# 다음으로 PythonOperator를 사용하여 난수를 표시한다.
operator_2 = PythonOperator(
    task_id='python_operator',
    python_callable=print_random,
    op_kwargs={'rnd': rnd},
    dag=dag,
)


# Operation의 의존관계를 정의한다.
operator_1 >> operator_2
```

sample_dag.py와 마찬가지로 python_operator.py를 import 명령어를 사용해서 dags

폴더로 가져온다.

```
$ cd YOUR_DIRECTORY
$ gcloud composer environments storage dags import \
  --environment dwh-dev \
  --location us-central1 \
  --source ./python_operator.py
```

Dags 버킷으로 import 후 잠시 기다리면 python_operator가 Airflow의 UI에 표시된다.

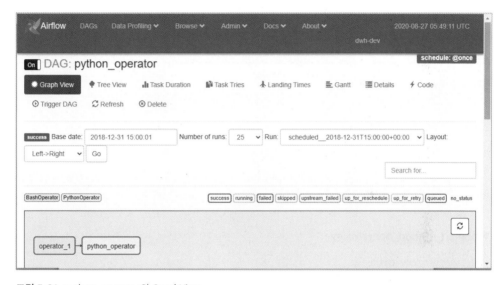

그림 5-21 python_operator의 GraphView

log를 확인한다.

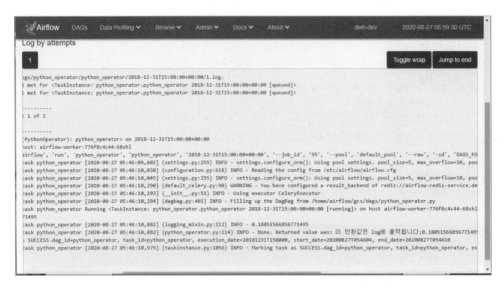

그림 5-22 python_operator의 log

2. BranchPythonOperator

파이썬으로 해당 Operator 이후에 분기 실행될 Operator를 반환값으로 정의한 다음, 그 분기 처리를 worker에서 실행하기 위한 Operator다. 분기할 때의 조건을 함수 내에서 정의할 수 있다.

▼ branch_python_operator.py

```python
#!/usr/bin/env python3
# -*- coding: utf-8 -*-

from airflow.models import DAG

from airflow.operators.bash_operator import BashOperator
from airflow.operators.python_operator import BranchPythonOperator
from airflow.operators.dummy_operator import DummyOperator

import pendulum
import random
from datetime import timedelta, datetime

# time zone을 한국 시간으로 설정하려면 pendulum 등의 library를 이용한다.
local_tz = pendulum.timezone("Asia/Seoul")

"""
```

branch_python_operator.py는 처음에 BashOperator를 사용하여 현재 시각을 표시하고
다음으로 branching(분기)용 Python 함수를 정의한 후에 BranchPythonOperator에 의해
그 함수를 호출한다. 그런 다음 산출된 난수에 따라 의존하는 곳으로 분기하는(의존하는
곳이 하나만 실행되고 다른 분기점은 스킵된다) DAG다.
"""

```python
# DAG 객체에서 이용하는 공통된 인수를 정의한다.
default_args = {
    'owner': 'Airflow',
    'start_date': datetime(2019, 1, 1, tzinfo=pendulum.timezone('Asia/Seoul')),
    'depends_on_past': True,
    'retries': 1,
    'retry_delay': timedelta(minutes=5),
}

# DAG 객체를 정의한다.
# 여기서는 정기 실행의 정의(schedule_interval)를 '한 번만'으로 한다.
dag = DAG(
    dag_id='branch_python_operator',
    default_args=default_args,
    schedule_interval='@once',
)

""" 여기서부터 개별 task의 정의를 시작한다. """
# 우선은 BashOperator를 사용하여 현재 시각을 표시한다.
operator_1 = BashOperator(
    task_id='operator_1',
    bash_command='echo {}'.format(datetime.now()),
    dag=dag,
)

# 다음으로 PythonOpeartor가 호출할 분기(branching)용 함수를 정의한다.
# 여기서는 난수(0.0 이상 1.0 미만의 float형 난수)를 발생시켜 값의 구간에 따라
# 의존하는 곳의 Operator를 분기시킨다.
def branching(rnd):
    if rnd >= 0 and rnd <= 0.2:
        return 'operator_3'
    elif rnd > 0.2 and rnd <= 0.4:
        return 'operator_4'
    elif rnd > 0.4 and rnd <= 0.6:
        return 'operator_5'
    elif rnd > 0.6 and rnd <= 0.8:
        return 'operator_6'
    else:
        return 'operator_7'
```

```python
# 난수를 발생시킨다.
rnd = random.random()
# 다음으로 BranchPythonOperator를 사용하여 분기(branching)용 함수를 호출한다.
operator_2 = BranchPythonOperator(
    task_id='branch_python_operator',
    python_callable=branching,
    op_kwargs={'rnd': rnd},
    dag=dag,
)

# 분기하는 곳은 모두 더미 오퍼레이터로 한다.
operator_3 = DummyOperator(
    task_id='operator_3',
    trigger_rule='all_success',
    dag=dag,
)

operator_4 = DummyOperator(
    task_id='operator_4',
    trigger_rule='all_success',
    dag=dag,
)

operator_5 = DummyOperator(
    task_id='operator_5',
    trigger_rule='all_success',
    dag=dag,
)

operator_6 = DummyOperator(
    task_id='operator_6',
    trigger_rule='all_success',
    dag=dag,
)

operator_7 = DummyOperator(
    task_id='operator_7',
    trigger_rule='all_success',
    dag=dag,
)

# 마지막 오퍼레이터는, 분기한 오퍼레이터 중 하나가 성공하면 실행되는
# 더미 오퍼레이터로 한다.
operator_8 = DummyOperator(
```

```
    task_id='operator_8',
    trigger_rule='one_success',
    dag=dag,
)

# Operation의 의존관계를 정의한다.
operator_1 >> operator_2 >> [operator_3, operator_4,
                            operator_5, operator_6, operator_7] >> operator_8
```

sample_dag.py 때와 마찬가지로 branch_python_operator.py를 import 명령어를 사용해서 dags 폴더로 import 한다.

```
$ cd YOUR_DIRECTORY
$ gcloud composer environments storage dags import \
  --environment dwh-dev \
  --location us-central1 \
  --source ./branch_python_operator.py
```

Dags 버킷으로 import 후 잠시 기다리면 워크플로가 완료된다. 여기서는 Airflow의 UI에서 BranchPythonOperator의 task를 살펴본다. Operator_7이 실행되고 다른 분기 Operator 는 스킵된 것을 알 수 있다.

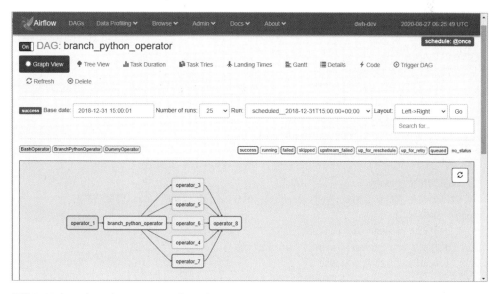

그림 5-23 branch_python_operator의 GraphView

3. TriggerDagRunOperator

다음에 실행되는 DAG를 파이썬 함수로 지정하여 실행시키는 Operator다.

▼ **trigger_dag_run.py**

```python
#!/usr/bin/env python3
# -*- coding: utf-8 -*-

from airflow.models import DAG

from airflow.operators.bash_operator import BashOperator
from airflow.operators.dagrun_operator import TriggerDagRunOperator
from airflow.utils.trigger_rule import TriggerRule

import pendulum
from datetime import timedelta, datetime

# time zone을 한국 시간으로 설정하려면 pendulum 등의 library를 이용한다.
local_tz = pendulum.timezone("Asia/Seoul")


"""
trigger_dag_run.py는 처음에 BashOperator를 사용하여 현재 시각을 표시하고, 다음으로
trigger 함수를 정의한 후에 TriggerDagRunOperator에 의해 그 함수를 호출한 다음
trigger_dag_run.py를 실행하는 DAG다.
"""

# DAG 객체로 이용할 공통된 인수를 정의한다.
default_args = {
    'owner': 'Airflow',
    'start_date': datetime(2019, 1, 1, tzinfo=pendulum.timezone('Asia/Seoul')),
    'depends_on_past': True,
    'retries': 1,
    'retry_delay': timedelta(minutes=5),
}

# DAG 객체를 정의한다.
# 여기에서는 정기 실행의 정의(schedule_interval)를 '1회만'으로 하고 있다.
dag = DAG(
    dag_id='tirgger_dag_run',
    default_args=default_args,
    schedule_interval='@once',
)
```

```python
# 우선은 BashOperator를 사용하여 현재 시각을 표시한다.
operator_1 = BashOperator(
    task_id='operator_1',
    bash_command='echo {}'.format(datetime.now()),
    dag=dag,
)


"""
TriggerDagRunOperator는 지정한 dag_id의 DAG를 실행시키는 Operator다.
파라미터에는 다음의 것이 있다.
 · trigger_dag_id : 트리거되는 측의 dag_id (문자열형)
 · python_callable : context, dag_run_obj라는 2개의 인수를 가진 함수를 정의하고
그 함수를 지정한다. 반환값은 'return dag_run_obj'이라고 한다. dag_run_obj는
run_id와 payload 2가지 속성을 가진다. 'dag_run_obj.payload = {'message': trigger_
dag_id}'는 트리거되는 측에 파라미터를 건넨다.
* 참조원 ; https://airflow.readthedocs.io/en/1.10.2/code.html#airflow.operators.
dagrun_operator.TriggerDagRunOperator
"""


# trigger용 함수를 정의한다.
# 인수로서 context 、dag_run_obj를 이용하여 ALL_DONE으로 실행된다.

def trigger(context, dag_run_obj):
    dag_run_obj.payload = {"message": context["params"]["message"]}
    return dag_run_obj


# Trigger_rule을 이용하여 ALL_DONE으로 실행시킨다.
# Trigger_rule은 task끼리의 의존관계에 다양한 룰을 설정할 수 있는 구조다.
# 디폴트에서는 상류가 모두 성공(success)한 경우에 다음 task가 실행된다.
# https://airflow.readthedocs.io/en/1.10.2/concepts.html#trigger-rules
task_tirgger_dag_run = TriggerDagRunOperator(
    task_id="task_tirgger_dag_run",
    trigger_dag_id="triggered_dag",
    python_callable=trigger,
    provide_context=True,
    params={
        "message": "Hello world !"
    },
    trigger_rule=TriggerRule.ALL_DONE,
    dag=dag,
)

operator_1 >> task_tirgger_dag_run
```

▼ triggered_dag.py

```python
#!/usr/bin/env python3
# -*- coding: utf-8 -*-

from airflow.models import DAG

from airflow.operators.bash_operator import BashOperator

import pendulum
from datetime import timedelta, datetime

# time zone을 한국 시간으로 설정하려면 pendulum 등의 library를 이용한다.
local_tz = pendulum.timezone("Asia/Seoul")

"""
triggered_dag.py는 TriggerDagRunOperator에 의해 기동되는 DAG를 정의하고 있다.
특수한 정의는 필요 없다.
"""

# DAG 객체에서 이용하는 공통된 인수를 정의한다.
default_args = {
    'owner': 'Airflow',
    'start_date': datetime(2019, 1, 1, tzinfo=pendulum.timezone('Asia/Seoul')),
    'depends_on_past': True,
    'retries': 1,
    'retry_delay': timedelta(minutes=5),
}

# DAG 객체를 정의한다.
# 여기서는 정기 실행의 정의(schedule_interval)를 '1회만'으로 하고 있다.
dag = DAG(
    dag_id='trigger_dag_run.py',
    default_args=default_args,
    schedule_interval=None,
)

# tirgger_dag_run에서의 message를 BashOperator의 template로 받는다.
operator_1 = BashOperator(
    task_id="operator_1",
    bash_command='echo "Here is the message: {{ dag_run.conf["message"] }}" ',
    dag=dag,
)

operator_1
```

TriggerDagRunOperator를 동작시키려면 트리거 하는 쪽과 트리거 되는 쪽의 두 DAG가 필요하다. 그러므로 로컬에 trigger라는 서브 폴더를 작성하고 거기에 위의 두 DAG(trigger_dag_run_operator.py, triggered_dag.py)를 넣고 trigger 폴더를 import 명령어를 사용해서 dags 폴더로 가져온다. 참고로 서브 폴더를 작성하지 않고 하나씩 import해도 문제는 없다. 마찬가지로 Composer(Airflow)에서는 dags 아래 서브 폴더도 포함해서 dag_id를 동작하기 때문에 서브 폴더에 DAG를 작성해도 문제없다.

```
$ cd YOUR_DIRECTORY
$ gcloud composer environments storage dags import \
        --environment dwh-dev \
        --location us-central1 \
        --source ./trigger
```

Dags 버킷으로 import 후 잠시 기다리면 다음과 같이 된다(**STEP 1** ~ **STEP 3**).

STEP 1 trigger_dag_run이 실행되고 있는 것을 볼 수 있다.

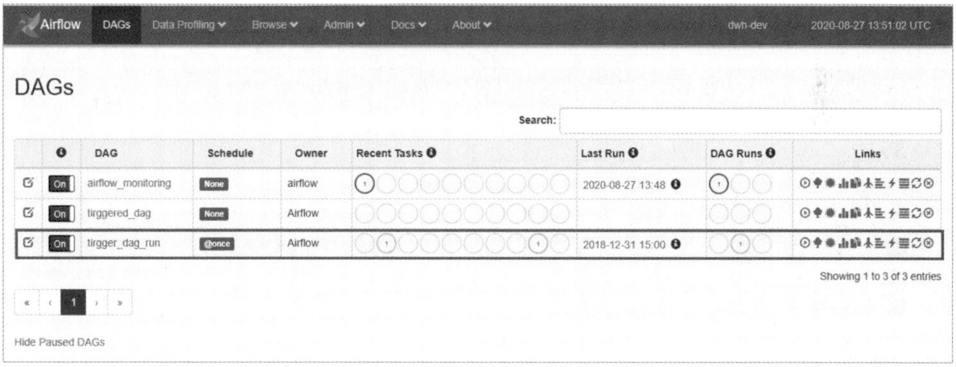

그림 5-24 trigger_dag_run_operator의 UI_1

STEP 2 Schedule=None의 triggered_dag가 trigger_dag_run에 킥 되어 움직이고 있는 것을 볼 수 있다.

그림 5-25 trigger_dag_run_operator의 UI_2

STEP 3 triggered_dag의 실행이 완료되고 triggered_dag의 log에 bash operator에 의한 [Hello world!] 표시가 있다. 이로써 트리거된 쪽에 제대로 파라미터가 건네진 것을 확인할 수 있다.

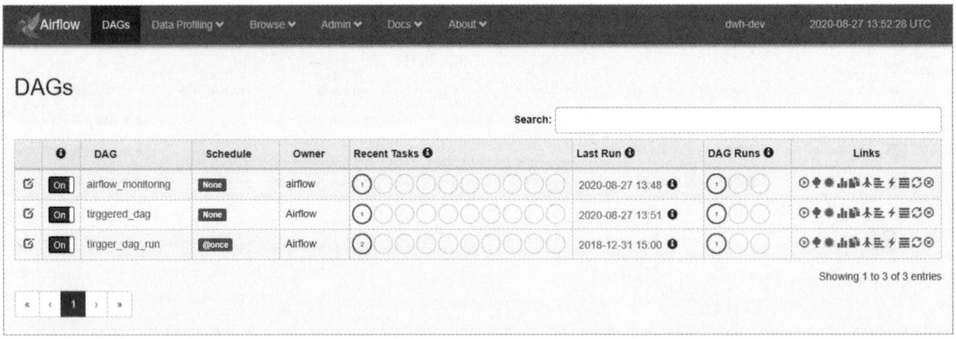

그림 5-26 trigger_dag_run_operator의 UI_3

```
operator_1 [2020-08-27 14:10:00,693] {bash_operator.py:106} INFO - Temporary script location: /tmp/airflowtmpib1xurdg/operator_1m_mi9aqg
operator_1 [2020-08-27 14:10:00,693] {bash_operator.py:116} INFO - Running command: echo "Here is the message: Hello world !"
operator_1 [2020-08-27 14:10:00,957] {bash_operator.py:123} INFO - Output:
operator_1 [2020-08-27 14:10:00,960] {bash_operator.py:127} INFO - Here is the message: Hello world !
operator_1 [2020-08-27 14:10:00,961] {bash_operator.py:131} INFO - Command exited with return code 0
ESS.dag_id=tiriggered_dag, task_id=operator_1, execution_date=20200827T140947, start_date=20200827T140954, end_date=20200827T141000
operator_1 [2020-08-27 14:10:00,990] {taskinstance.py:1056} INFO - Marking task as SUCCESS.dag_id=tiriggered_dag, task_id=operator_1, execution_date=202
```

그림 5-27 trigger_dag_run_operator의 log

⬡ 유용한 기능

앞의 항에서는 자주 사용되는 Operator에 대해서 설명하였다. 단, Operator들을 제대로 조합해서 사용하려면 Operator 간의 의존관계 정의나 정보 공유가 매우 중요하다. Airflow에는 이를 위한 유용한 기능이 준비되어 있다. 여기서는 그중에서 'Trigger Rules'와 'XComs'에 대해서 예를 들어 설명한다.

1. Trigger Rules

우선, Operator 간의 의존관계 정의에 기여하는 기능이다.

모든 Operator가 trigger_rule이라는 파라미터를 갖고 있다. 이것은 부모(상위) Operator의 성공 여부에 따라 자신이 실행될지를 지정하기 위한 파라미터다.

기본값은 all_success다. 그러므로 부모(상위) Operator가 여러 개 있는 경우 모든 부모 Operator가 success하지 않으면 자기 자신은 실행되지 않는다.

따라서 Operator 간의 의존관계 및 Trigger Rules 설정을 잘 모색해 둠으로써 복잡한 워크플로를 정의하는 것이 가능해진다.

- all_success: 기본 설정이다. 모든 부모 Operator가 success(성공)한 경우에 자기 자신이 실행된다
- all_failed: 모든 부모 Operator가 failed(실패)된 경우에 자기 자신이 실행된다.
- all_done: 모든 부모 Operator가 Done(실행)된 후에 자기 자신이 실행된다. 부모의 성공 여부는 관계없다.
- one_failed: 부모 Operator의 하나가 failed(실패)하면 즉시 자기 자신이 실행된다. 다른 부모의 실행 완료를 기다리지 않는다.
- one_success: 부모 Operator의 하나가 success(성공)하면 즉시 자기 자신이 실행된다. 다른 부모의 실행 완료를 기다리지 않는다.
- none_failed: 모든 부모 Operator가 failed(실패)하지 않았을 때 자기 자신이 실행된다. 예로서는 모든 부모 Operator가 success(성공)한 경우 또는 모든 부모 Operation이 스킵된 경우다.
- dummy: 의존관계는 표시상으로만 나타나며, 임의로 실행된다.

참고로 'depends_on_past'는 task 자신의 최근 실행 성공 여부와 연관된 것으로, 위의 Trigger Rules와는 별도의 파라미터다.

▼참조

https://airflow.readthedocs.io/en/1.10.2/concepts.html#trigger-rules

2. XComs

다음으로 Operator 간의 정보 공유에 이바지하는 기능이다. XComs는 'cross-communi-cation'의 약자로, 말 그대로 task끼리 실행 상태를 비롯한 정보를 공유(주고받기)하기 위한 기능이다. 'xcom_push', 'xcom_pull' 2종류가 있고 전자는 자기 자신의 정보를 발신, 후자는 다른 task 정보를 수신하는 기능이다. 각종 Operator에서 이용할 수 있다. 아래에 PythonOperator와 BashOperator를 이용한 push, pull 예제 코드를 게재했다. 후자에서 이용하는 template을 이용한 xcom_pull의 경우 클라우드 서비스용 Operator로도 이용할 수 있고 당연히 GCP 관련 Operator에서도 이용할 수 있다. 이 점에 대해서는 데이터 웨어하우스 예제를 소개하는 항에서 예제 코드를 소개한다.

▼ xcom.py

```python
#!/usr/bin/env python3
# -*- coding: utf-8 -*-

from airflow.models import DAG

from airflow.operators.bash_operator import BashOperator
from airflow.operators.python_operator import PythonOperator

import pendulum
import random
from datetime import timedelta, datetime

# time zone을 한국 시간으로 설정하려면 pendulum 등의 library를 이용한다.
local_tz = pendulum.timezone("Asia/Seoul")

"""
xcom.py는 처음에 난수를 생성하고 PythonOperator에서 push한 후에 별도의
PythonOperator 및 BashOperator에서 pull하는 DAG다.
"""

# DAG 객체에서 정의하는 공통된 인수를 정의한다.
default_args = {
    'owner': 'Airflow',
    'start_date': datetime(2019, 1, 1, tzinfo=pendulum.timezone('Asia/Seoul')),
    'depends_on_past': True,
    'retries': 1,
```

```python
        'retry_delay': timedelta(minutes=5),
}

# DAG 객체를 정의한다.
# 여기서는 정기 실행의 정의(schedule_interval)를 '1회만'으로 하고 있다.
dag = DAG(
    dag_id='xcom',
    default_args=default_args,
    schedule_interval='@once',
)

# 우선 난수를 생성하는 함수를 정의한다.
def generate_rnd(**kwargs):
    # 난수를 생성시킨다.
    rnd = random.random()
    # rnd를 반환값으로 한다. 그러면 rnd가 xcom_push된다.
    return rnd


# 다음으로 PythonOperator를 정의한다.
operator_1 = PythonOperator(
    task_id='operator_1',
    python_callable=generate_rnd,
    dag=dag,
)

# 받는 쪽에서는 BashOperator의 template로 받는다.
operator_2 = BashOperator(
    task_id='operator_2',
    bash_command='echo "{{ti.xcom_pull(task_ids="operator_1")}}"',
    dag=dag,
)

operator_1 >> operator_2
```

sample_dag.py 할 때와 마찬가지로 xcom.py를 import 명령어를 사용해 dags 폴더로 가져온다.

```
$ cd YOUR_DIRECTORY
$ gcloud composer environments storage dags import \
  --environment dwh-dev \
  --location us-central1 \
  --source ./xcom.py
```

dags 버킷으로의 import 후 잠시 기다리면 다음과 같이 된다(**STEP 1** ~ **STEP 2**).

STEP 1 xcom이 실행되고 있는 것을 확인할 수 있다.

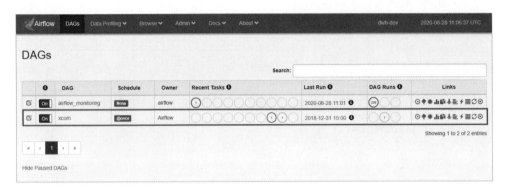

그림 5-28 xcom의 UI

STEP 2 bash operation에 의한 난수 표시가 있다. 이것으로 xcom_pull에 의해 파라미터가 전달된 것을 확인할 수 있다.

```
b 589: Subtask operator_2 Running <TaskInstance: xcom.operator_2 2018-12-31T15:00:00+00:00 [running]> on host airflow-worker-776f8c4c44-4bg2g
b 589: Subtask operator_2 [2020-08-28 11:07:10,031] {bash_operator.py:83} INFO - Tmp dir root location:
b 589: Subtask operator_2  /tmp
b 589: Subtask operator_2 [2020-08-28 11:07:10,035] {bash_operator.py:106} INFO - Temporary script location: /tmp/airflowtmp2z20adtf/operator_24bfh4o1y
b 589: Subtask operator_2 [2020-08-28 11:07:10,035] {bash_operator.py:116} INFO - Running command: echo "0.9568104084428678"
b 589: Subtask operator_2 [2020-08-28 11:07:10,255] {bash_operator.py:123} INFO - Output:
b 589: Subtask operator_2 [2020-08-28 11:07:10,260] {bash_operator.py:127} INFO - 0.9568104084428678
b 589: Subtask operator_2 [2020-08-28 11:07:10,263] {bash_operator.py:131} INFO - Command exited with return code 0
ng task as SUCCESS.dag_id=xcom, task_id=operator_2, execution_date=20181231T150000, start_date=20200828T110703, end_date=20200828T110710
b 589: Subtask operator_2 [2020-08-28 11:07:10,315] {taskinstance.py:1056} INFO - Marking task as SUCCESS.dag_id=xcom, task_id=operator_2, execution_date=20181231T150000, s
```

그림 5-29 xcom의 log

▼ 참조

https://airflow.readthedocs.io/en/1.10.2/concepts.html#additional-functionality

🔷 GCP 서비스를 조작하는 Operator

지금까지 Composer(Airflow)의 기본적인 Operator 및 기능에 대해서 설명하였다. 위에서 다뤄봤듯이 Airflow에는 그 외부의 서비스인 각종 클라우드 서비스를 조작하는 Operator가 준비되어 있으며 실로 다양한 Operator가 있다. 여기서는 그 중 GCP에 관련된 Operator를 살펴보자. GCP에 관한 Operator로 제한해도(Airflow ver 1.10.2) 다음 문서에 게재된 만큼의 수가 있다.

▼ 참조

https://airflow.readthedocs.io/en/1.10.2/integration.html#gcp-google-cloud-platform

모든 것을 소개하는 것은 어려우므로 범용적인 데이터 웨어하우스 구축에 관련된 것으로 'BigQuery Operators'와 'Storage Operators' 중에서 관련된 것을 소개한다.

BigQuery Operators

- BigQueryGetDataOperator: 빅쿼리의 table에서 데이터를 취득하고 파이썬의 리스트로 반환한다.
- BigQueryOperator: 빅쿼리가 지정한 table에 대해 쿼리를 실행한다. 데이터 조작 언어(DML)를 사용하여 테이블 데이터를 갱신, 삽입, 삭제하는 것이나 쿼리 결과를 별도의 table에 보관할 수 있다.

Storage Operators

- GoogleCloudStroageListOperator: 지정한 버킷에 존재하는 파일 등의 객체를 나열한다. 접두사와 구분 문자를 지정하여 나열이 가능하다.
- GoogleCloudStroageToBigQueryOperator: GCS에서 빅쿼리로 파일을 로드한다.
- GoogleCloudStroageToGoogleCloudStroageOperator: GCS의 특정 버킷에 존재하는 파일을 별개의 버킷으로 복사한다. 이름 변경을 할 수도 있다.

전제로서 위의 각종 Operator는 Airflow의 BaseOperator 등을 계승한 클래스로 정의되어 있다. 그러므로 기저 클래스의 각종 파라미터를 이용할 수 있다. 자기 자신의 파라미터에 필요한 파라미터가 없는 경우 기저 클래스의 파라미터도 확인해보도록 한다.

그럼 하나씩 살펴보자.

1. BigQueryGetDataOperator

예를 들어 BigQueryGetDataOperator와 BranchPythonOperator를 조합해서 table에 포함된 값에 따라 처리를 분기시킬 수 있다.

▼ **bq_getdata_operator.py**

```python
#!/usr/bin/env python3
# -*- coding: utf-8 -*-


from airflow.models import DAG

from airflow.operators.python_operator import PythonOperator
from airflow.contrib.operators.bigquery_get_data import BigQueryGetDataOperator

import pendulum
from datetime import timedelta, datetime

# time zone을 한국 시간으로 설정하려면 pendulum 등의 library를 이용한다.
local_tz = pendulum.timezone("Asia/Seoul")

"""
bq_getdata_operator.py는 처음에는 BigQueryGetDataOperator를 사용하여 BQ 테이블로부터
데이터를 취득하고 다음으로 PythonOperator에 의해 그 데이터를 취득해 표시하는 DAG다.
"""

# DAG 객체에서 이용하는 공통된 인수를 정의한다.
default_args = {
    'owner': 'Airflow',
    'start_date': datetime(2019, 1, 1, tzinfo=pendulum.timezone('Asia/Seoul')),
    'depends_on_past': True,
    'retries': 1,
    'retry_delay': timedelta(minutes=5),
}

# DAG 객체를 정의한다.
# 여기서는 정기 실행의 정의(schedule_interval)를 '1회만'으로 하고 있다.
dag = DAG(
    dag_id='bq_getdata',
    default_args=default_args,
    schedule_interval='@once',
)
```

```python
bq_getdata = BigQueryGetDataOperator(
    task_id='get_data_from_bq',
    dataset_id='import',
    table_id='sales',
    max_results='1',
    selected_fields='sales_datetime',
    bigquery_conn_id='google_cloud_default',
    dag=dag,
)

def process_data_from_bq(**kwargs):
    ti = kwargs['ti']
    bq_data = ti.xcom_pull(task_ids='get_data_from_bq')
    # bq_data에, Python의 list로 데이터가 건네지고 있다.
    print(bq_data)


process_data = PythonOperator(
    task_id='process_data_from_bq',
    python_callable=process_data_from_bq,
    provide_context=True,
    dag=dag,
)

bq_getdata >> process_data
```

2. BigQueryOperator

앞서 설명한 대로 빅쿼리 table에 대해 쿼리를 실행하고 그 결과를 별도의 table에 보관한다. 그러므로 빅쿼리에 있어서 쿼리에 의한 데이터 가공(Transform)을 단계적으로 실시하는 데 빈번히 사용될 것이다.

▼ **bq_operator.py**

```python
#!/usr/bin/env python3
# -*- coding: utf-8 -*-

from airflow.models import DAG

from airflow.contrib.operators.bigquery_operator import BigQueryOperator

import pendulum
from datetime import timedelta, datetime
```

```python
# time zone을 한국 시간으로 설정하려면 pendulum 등의 library를 이용한다.
local_tz = pendulum.timezone("Asia/Seoul")

"""
bq_operator.py는 지정한 테이블로 Query 결과를 destination_dataset_table에 저장하는
DAG다.
"""

# DAG 객체에서 이용하는 공통된 인수를 정의한다.
default_args = {
    'owner': 'Airflow',
    'start_date': datetime(2019, 1, 1, tzinfo=pendulum.timezone('Asia/Seoul')),
    'depends_on_past': True,
    'retries': 1,
    'retry_delay': timedelta(minutes=5),
}

# DAG 객체를 정의한다.
# 여기서는 정기 실행의 정의(schedule_interval)를 '1회만'으로 하고 있다.
dag = DAG(
    dag_id='bq_operator',
    default_args=default_args,
    schedule_interval='@once',
)

# 필요한 파라미터를 지정한다.
# destination_dataset_table에 Query결과가 보관된다.
# 파라미터의 자세한 설명은 여기에 ; https://airflow.readthedocs.io/en/1.10.2/
# integration.html#bigqueryoperator
query_table = BigQueryOperator(
    task_id='query_table',
    sql='SELECT sales_number,sales_amount FROM import.sales',
    destination_dataset_table='shuwa-gcp-book.composer.bq_operator',
    create_disposition='CREATE_IF_NEEDED',
    write_disposition='WRITE_TRUNCATE',
    use_legacy_sql=False,
    dag=dag
)
query_table
```

3. GoogleCloudStorageListOperator

예를 들어 S3에서 GCS로 파일을 연계한 경우 해당 파일명을 나열해 다음 단계로 연결하고 싶을 때 사용한다.

▼ gcs_list_operator.py

```python
#!/usr/bin/env python3
# -*- coding: utf-8 -*-

from airflow.models import DAG

from airflow.contrib.operators.gcs_list_operator import
GoogleCloudStorageListOperator
from airflow.operators.bash_operator import BashOperator

import pendulum
from datetime import timedelta, datetime

# time zone을 한국 시간으로 설정하려면 pendulum 등의 library를 이용한다.
local_tz = pendulum.timezone("Asia/Seoul")
"""
gcs_list_operator.py는 GCS에서 지정한 버킷 안에 존재하는 파일 등의 객체를 나열하는
DAG다.
"""


# DAG 객체에서 이용하는 공통된 인수를 정의한다.
default_args = {
    'owner': 'Airflow',
    'start_date': datetime(2019, 1, 1, tzinfo=pendulum.timezone('Asia/Seoul')),
    'depends_on_past': True,
    'retries': 1,
    'retry_delay': timedelta(minutes=5),
}

# DAG 객체를 정의한다.
# 여기서는 정기 실행의 정의(schedule_interval)를 '1회만'으로 하고 있다.
dag = DAG(
    dag_id='gcs_list_operator',
    default_args=default_args,
    schedule_interval='@once',
)

# 'table_'이라는 접두사 및 확장자가 .csv인 파일명을 취득한다.
```

```
get_list = GoogleCloudStorageListOperator(
    task_id='get_list',
    bucket='composer_source',
    prefix='table_',
    delimiter='.csv',
    dag=dag
)

# 취득한 파일명 리스트를 표시한다.
print_list = BashOperator(
    task_id='print_list',
    bash_command='echo "{{ti.xcom_pull(task_ids="get_list")}}"',
    dag=dag)

get_list >> print_list
```

4. GoogleCloudStorageToBigQueryOperator

앞서 언급했다시피 schema를 정의하고 GCS에서 빅쿼리로 파일을 로드하기 위해 사용한다.

▼ gcs_to_bq_operator.py

```
#!/usr/bin/env python3
# -*- coding: utf-8 -*-

from airflow.models import DAG

from airflow.contrib.operators.gcs_to_bq import GoogleCloudStorageToBigQueryOperator

import codecs
import json

import pendulum
from datetime import timedelta, datetime

# time zone을 한국 시간으로 설정하려면 pendulum 등의 library를 이용한다.
local_tz = pendulum.timezone("Asia/Seoul")
"""
gcs_to_bq_operator.py는 GCS에서 지정한 버킷 안에 존재하는 파일 등의 객체를 BQ 테이블
로 load하는 DAG다.
"""

# DAG 객체에서 이용하는 공통된 인수를 정의한다.
default_args = {
```

```
    'owner': 'Airflow',
    'start_date': datetime(2019, 1, 1, tzinfo=pendulum.timezone('Asia/Seoul')),
    'depends_on_past': True,
    'retries': 1,
    'retry_delay': timedelta(minutes=5),
}

# DAG 객체를 정의한다.
# 여기서는 정기 실행의 정의(schedule_interval)를 '1회만'으로 하고 있다.
dag = DAG(
    dag_id='gcs_to_bq_operator',
    default_args=default_args,
    schedule_interval='@once',
)

# GCS의 CSV 파일을 BQ의 dataset=composer로 load한다.
# 여기서는 schema를 json 파일로 정의하고 읽어 들이는 형태로 하고 있다.
# 파라미터의 자세한 내용은 여기를 ; https://airflow.readthedocs.io/en/1.10.2/
# integration.html#id123
with codecs.open('/home/airflow/gcs/dags/schema/schema_table_1.json', 'r', 'utf-8')
as f:
    schema = json.load(f)
    gcs_to_bq = GoogleCloudStorageToBigQueryOperator(
        task_id='gcs_to_bq',
        bucket='composer_source',
        source_objects=['table_1.csv'],
        source_format='CSV',
        # autodetect=True,
        schema_fields=schema,
        skip_leading_rows=1,
        destination_project_dataset_table='shuwa-gcp-book.composer.table_1',
        create_disposition='CREATE_IF_NEEDED',
        write_disposition='WRITE_APPEND',
        dag=dag,
    )

gcs_to_bq
```

5. GoogleCloudStorageToGoogleCloudStorageOperator

예를 들어 S3에서 GCS로 파일을 연계한 경우에 파일명이 그대로라면 다음 단계에서 이용하기 어려울 때가 있을지도 모른다. 그럴 때는 파일명을 변경한 다음 다른 버킷에 복사할 수 있다.

▼ gcs_to_gcs_operator.py

```python
#!/usr/bin/env python3
# -*- coding: utf-8 -*-

from airflow.models import DAG

from airflow.contrib.operators.gcs_to_gcs import GoogleCloudStorageToGoogleCloudStor
ageOperator

import pendulum
from datetime import timedelta, datetime

# time zone을 한국 시간으로 설정하려면 pendulum 등의 library를 이용한다.
local_tz = pendulum.timezone("Asia/Seoul")
"""
gcs_to_gcs_operator.py는 GCS에서 지정한 버킷 내에 존재하는 파일 객체를  별도 버킷이
나 동일 버킷의 다른 폴더로 이동하는 DAG다.
"""

# DAG 객체에서 이용하는 공통된 인수를 정의한다.
default_args = {
    'owner': 'Airflow',
    'start_date': datetime(2019, 1, 1, tzinfo=pendulum.timezone('Asia/Seoul')),
    'depends_on_past': True,
    'retries': 1,
    'retry_delay': timedelta(minutes=5),
}

# DAG 객체를 정의한다.
# 여기서는 정기 실행의 정의(schedule_interval)를 '1회만'으로 하고 있다.
dag = DAG(
    dag_id='gcs_to_gcs_operator',
    default_args=default_args,
    schedule_interval='@once',
)

# GCS가 지정한 버킷에 있는 CSV 파일을 별도의 버킷으로 이동한다.
# 파라미터의 자세한 내용은 여기를 ; https://airflow.readthedocs.io/en/1.10.2/
# integration.html
# googlecloudstoragetogooglecloudstorageoperator
gcs_to_gcs = GoogleCloudStorageToGoogleCloudStorageOperator(
    task_id='gcs_to_gcs',
    source_bucket='composer_source',
    source_object='table_1_123456789.csv',
```

```
    destination_bucket='composer_destination',
    destination_object='table_1.csv',
    move_object=True,
    dag=dag
)

gcs_to_gcs
```

🔍 GCS에서 이용 가능한 Sensor

예를 들어 S3와 연계 등 스토리지를 경유하여 외부 데이터 소스와 데이터를 연계할 경우 스토리지에 파일 등 객체가 도착한 것을 감지해 다음 처리를 개시하도록 하는 워크플로를 만들때가 있다. 여기서는 그것을 실현하는 GCS 센서를 소개한다.

https://airflow.readthedocs.io/en/1.10.2/code.html#airflow.contrib.sensors.gcs_sensor.
GoogleCloudStorageObjectSensor

1 GoogleCloudStorageObjectSensor: GCS 버킷 내 객체 존재 여부를 감지한다.
2 GoogleCloudStorageObjectUpdatedSensor: GCS 버킷 내 객체 갱신 유무를 감지한다.
3 GoogleCloudStoragePrefixSensor: 지정한 버킷 내에 지정한 접두사를 갖는 파일 등 객체 존재 여부를 감지한다.

Sensor는 Airflow의 BaseSensorOperator를 계승한 클래스로 정의되어 있다. 그러므로 기저 클래스의 각종 파라미터를 이용할 수 있다. 예를 들어 timeout이라는 파라미터가 있는데 이것은 기저 클래스인 BaseSensorOperator의 파라미터다. 자기 자신의 파라미터에 필요한 것이 없는 경우 기저 클래스의 파라미터도 확인하도록 한다.

다른 하나로 Sensor는 실행되면 일정 간격으로 감지할 대상의 존재 여부를 확인한다. 따라서 timeout이 발생할 때까지 worker slot을 점유할 가능성이 있다. 그러므로 실무에서 수백 단위(또는 그 이상)의 테이블을 연계할 때 센서를 이용하려면 여러 고민이 필요하다. 예를 들어 Composer 환경 구축의 경우 예상되는 부하를 고려해서 node 수나 스펙을 높이는 대책 등을 마련하거나 pool을 사용해(나중에 설명) 동시 실행 수를 제한하는 방법이 있다.

위의 3가지 중 버킷 내에 특정 이름을 갖는 파일이 도착했는지 판별하는 데 유용한 GoogleCloudStoragePrefixSensor에 대해서 구체적인 예를 들어 소개하겠다.

1. GoogleCloudStoragePrefixSensor

지정한 버킷 내에 지정한 접두사를 사용하는 파일 등의 객체가 업로드되면 그 존재를 감지한다. 감지하면 센서의 task가 성공(success)하게 되어 의존관계에 따라 다음의 task가 실행된다.

▼ gcs_prefix_sensor.py

```python
#!/usr/bin/env python3
# -*- coding: utf-8 -*-

from airflow.models import DAG

from airflow.operators.bash_operator import BashOperator
from airflow.contrib.sensors.gcs_sensor import GoogleCloudStoragePrefixSensor

import pendulum
from datetime import timedelta, datetime

# time zone을 한국 시간으로 설정하려면 pendulum 등의 library를 이용한다.
local_tz = pendulum.timezone("Asia/Seoul")
"""
gcs_prefix_sensor.py는 처음에 지정한 접두사를 갖는 파일 등의 객체를 감지하고 그것이
성공하면 BashOperator를 사용하여 성공했음을 표시하는 DAG다.
"""

# DAG 객체에서 이용하는 공통된 인수를 정의한다.
default_args = {
    'owner': 'Airflow',
    'start_date': datetime(2019, 1, 1, tzinfo=pendulum.timezone('Asia/Seoul')),
    'depends_on_past': True,
    'retries': 1,
    'retry_delay': timedelta(minutes=5),
}

# DAG 객체를 정의한다.
# 여기서는 정기 실행의 정의(schedule_interval)를 '1회만'으로 하고 있다.
dag = DAG(
    dag_id='gcs_prefix_sensor',
    default_args=default_args,
```

```
    schedule_interval='@once',
)

# 버킷 바로 아래 파일을 감지한다
sense_file = GoogleCloudStoragePrefixSensor(
    task_id='sense_file',
    bucket='composer_source',
    prefix='table_',
    timeout=60 * 60 * 24,
    dag=dag,
)

# 우선은 BashOperator를 사용하여 현재 시각을 표시한다.
operator_1 = BashOperator(
    task_id='operator_1',
    bash_command='echo "sensed the table_*.csv file"',
    dag=dag,
)

sense_file >> operator_1
```

5.4.4 DWH 구축을 위한 DAG 만들기

⬡ DWH 구축에 필요한 것

여기서는 앞서 언급한 범용적인 구성 3(워크플로의 조정을 Cloud Composer에서 실행)에 대해 Cloud Composer로 자동화하는 방법을 살펴보고자 한다. 동시에 DWH 구축에 있어 중요한 부분인 ELT 처리를 Cloud Composer에 조합하는 부분도 살펴본다.

⬡ 단계 나누기

DWH를 넓은 의미로 생각하면 모든 것을 Composer가 처리한다는 의미가 아니다. 단, DWH의 핵심이 되는 처리에 대해서 자동화를 담당하는 서비스인 점은 분명하다.

특히 ELT(Extract Load Transform) 자동화에 깊이 관여하고 있다. 그리고 가공(Transform) 부분에 더욱 세분화가 필요할 수도 있다는 점도 앞서 언급한 대로다. 여기서는 가공 부분을 5.3절에서 소개한 점을 토대로 세분화해보았다.

세분화	무엇을 할까?
1단계	다양한 기업이 제공하는 RDB의 다양한 데이터형과 빅쿼리에 로드 가능한 데이터형의 정합성을 취하여 가능한 한 원시 데이터로 로드하고, 데이터 로드 후에 다양한 문맥으로 데이터 분석이 가능하도록 한다. 데이터 내용의 최적화가 목적이므로 날짜별 테이블을 채택한다.
2단계	분석 목적에 적합한 데이터로 변환하고 데이터형을 검토한다. 더불어 정확하지 않은 값을 제거한다. 데이터 내용의 최적화가 목적이므로 날짜별 테이블을 채택한다.
3단계	4단계를 작성하기 위한 중간 테이블이 필요한 경우가 있다. 3단계는 4단계와 통합하는 방안도 검토할 필요가 있을 수 있으나, 3단계에서는 분석의 시작점이 되는 커다란 테이블을 작성해야 하고 레코드를 이력형으로 축적하기 위한 쿼리를 실시하는 등의 작업이 있다. 파티션 테이블을 채택한다.
4단계	3단계에서 이력형으로 축적한 각 테이블을 분석에 기여하도록 필요한 수만큼 결합(JOIN)한다. 즉, 본격적인 데이터 분석을 위한 준비된 테이블을 작성하는 단계다. 파티션 테이블을 채택한다. 각 집계 축의 기초적인 집계를 실시하는 경우도 있다.

이러한 내용을 플로로 그려보면 [그림 5-30]과 같이 된다. Cloud Composer의 각 Operator 업무 내용과 성공 여부에 따른 오류 통지 부분도 간략화해서 기재하고 있다. 참고로 데이터 세트 이름은 하나의 예다.

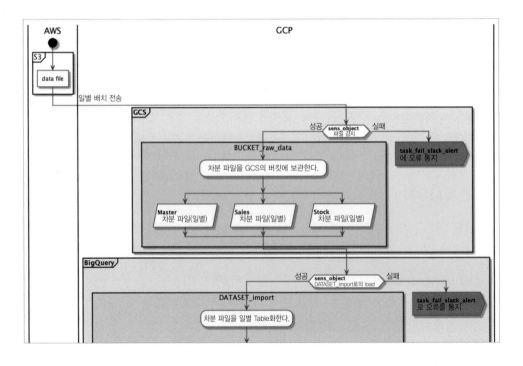

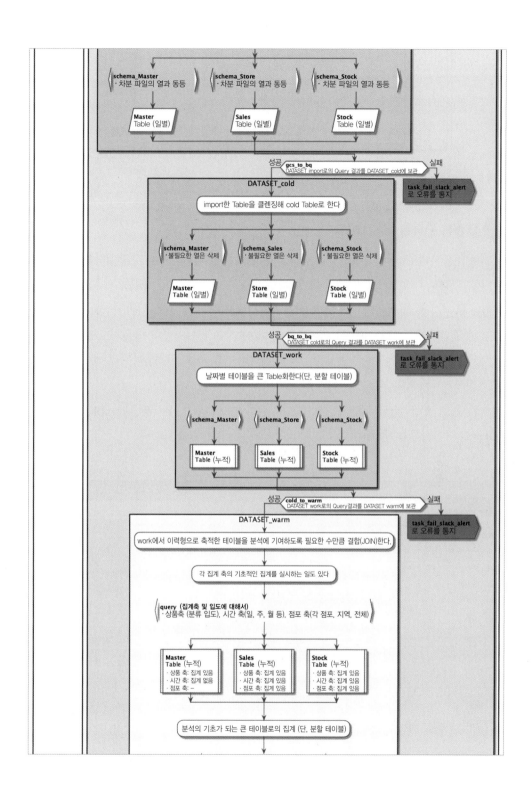

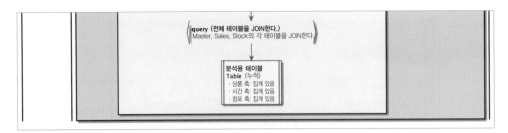

그림 5-30 데이터 파이프라인

⬡ DWH 구축을 위한 DAG

이러한 내용을 고려하여 도식화한 플로에 따른 DWH용 예제 DAG를 소개한다. 마스터 계 테이블에 대해서 4단계까지 만들기 위한 DAG이다.

참고로 마스터 계 테이블과 트랜잭션 계 테이블에서 일별로 연계되는 데이터양이 크게 다르므로 때에 따라서는 각각 파티션 테이블로 할지 여부 등 검토사항이 나올지도 모른다. 여기서 나타내는 DAG는 어디까지나 범용적으로 예상되는 부분을 게재한 하나의 예이며, 실제의 경우 세부적인 부분을 만들어 넣어야 할 것이다.[3]

예제 DAG의 폴더 구성은 다음과 같다. dags 폴더 아래 DAG, 서브 폴더로 tables, schema, query를 작성하고 tables.json, 각종 Schema, 쿼리(sql파일)를 넣는다.

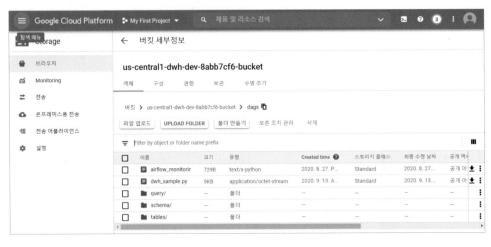

그림 5-31 DWH 구축을 위한 DAG

---

3 옮긴이_ 소스를 시험할 경우 반드시 PROJECT_NAME과 BUCKET_NAME을 각자 환경에 맞게 바꿔야 한다.

▼ dwh_sample.py

```python
#!/usr/bin/env python3
# -*- coding: utf-8 -*-

import codecs
import json
from datetime import timedelta, datetime

from airflow.models import DAG
from airflow.contrib.operators.gcs_to_bq import GoogleCloudStorageToBigQueryOperator
from airflow.contrib.sensors.gcs_sensor import GoogleCloudStoragePrefixSensor
from airflow.contrib.operators.bigquery_operator import BigQueryOperator
from airflow.operators.dummy_operator import DummyOperator

from airflow.hooks.base_hook import BaseHook
from airflow.contrib.operators.slack_webhook_operator import SlackWebhookOperator

import pendulum

local_tz = pendulum.timezone("Asia/Seoul")

# 에러 발생 시에 Slack으로 통지하기 위한 function을 정의한다.
# slack aleat 스크립트는 Kaxil에게 받은 것이다.
# 당사자 허가를 받아 게재하였으며 다음 기사에 공개되어 있다.
# https://medium.com/datareply/integrating-slack-alerts-in-airflow-c9dcd155105
def task_fail_slack_alert(context):
    slack_webhook_token = BaseHook.get_connection('slack').password
    slack_msg = """
            :red_circle: Task Failed.
            *Task*: {task}
            *Dag*: {dag}
            *Execution Time*: {exec_date}
            *Log Url*: {log_url}
            """.format(
        task=context.get('task_instance').task_id,
        dag=context.get('task_instance').dag_id,
        ti=context.get('task_instance'),
        exec_date=local_tz.convert(context.get('execution_date')),
        log_url=context.get('task_instance').log_url
    )
    failed_alert = SlackWebhookOperator(
        task_id='slack_test',
        http_conn_id='slack',
        webhook_token=slack_webhook_token,
```

```python
        message=slack_msg,
        username='airflow',
        dag=dag)
    return failed_alert.execute(context=context)

default_args = {
    'owner': 'Airflow',
    'start_date': datetime(2019, 9, 30, tzinfo=local_tz),
    # 'end_date': datetime(2020, 12, 31), # 필요 있으면 설정한다.
    'depends_on_past': True,
    'retries': 1,
    'retry_delay': timedelta(minutes=1),
    # 'on_failure_callback': task_fail_slack_alert,
    'catchup_by_default': True
}

dag = DAG('dwh_samle', schedule_interval='@daily',
          catchup=False, default_args=default_args)

PROJECT_NAME = "shuwa-gcp-book"
BUCKET_NAME = "composer_source"

"""
DWH용 샘플 DAG다.
참고로 이 예제에서는 json 및 sql 파일에 의해 워크플로에서 처리하는 테이블의 종류나
Query를 외부 파일로 정의하고 그것을 읽어 들이는 방법으로 처리하고 있다.
"""

# 복수 테이블 JOIN 시에 이용하는 더미 오퍼레이터를 먼저 정의한다.
wait_sales = DummyOperator(
    task_id='wait_sales',
    trigger_rule='all_success',
    dag=dag,
)
wait_stock = DummyOperator(
    task_id='wait_stock',
    trigger_rule='all_success',
    dag=dag,
)
wait_customer = DummyOperator(
    task_id='wait_customer',
    trigger_rule='all_success',
    dag=dag,
)
```

```python
# import로 load ; yyyymmdd가 있는 일별 테이블로 한다.
with codecs.open('/home/airflow/gcs/dags/tables/tables.json', 'r', 'utf-8') as f:
    tables = json.load(f)

    for i in tables:
        # GCS 버킷 파일을 감지한다.
        sense_file = GoogleCloudStoragePrefixSensor(
            task_id='sense_file_{0}'.format(i['name']),
            bucket=BUCKET_NAME,
            prefix='{0}_{1}'.format(
                i['name'], '{{(execution_date + macros.timedelta(days=2)).
strftime("%Y%m%d")}}'),
            dag=dag
        )
        # 파일을 import로 load하고 일별 테이블로 한다.
        # 'source_objects' 파라미터 부문에서 *(와일드카드)를 사용하고 있다.
        # 이것은 연월일 뒤에 시각 정보가 포함되는 경우가 있어 이에 대한 대응안이다.
        with codecs.open('/home/airflow/gcs/dags/schema/{0}.json'.format(i['name']),
'r', 'utf-8') as f:
            schema = json.load(f)
            gcs_to_bq = GoogleCloudStorageToBigQueryOperator(
                task_id='gcs_to_bq_{0}'.format(i['name']),
                bucket=BUCKET_NAME,
                source_objects=['{0}_{1}*.csv'.format(
                    i['name'], '{{(execution_date + macros.timedelta(days=2)).
strftime("%Y%m%d")}}')],
                source_format='CSV',
                schema_fields=schema,
                skip_leading_rows=1,
                destination_project_dataset_table='{0}.import.{1}_{2}'.format(
                    PROJECT_NAME, i['name'], '{{(execution_date + macros.
timedelta(days=2)).strftime("%Y%m%d")}}'),
                create_disposition='CREATE_IF_NEEDED',
                write_disposition='WRITE_TRUNCATE',
                dag=dag,
            )
        # import 테이블에 클렌징용 Query를 실행하고 결과를 cold 테이블로 저장한다.
        # 일별 테이블로 한다.
        with codecs.open('/home/airflow/gcs/dags/query/to_cold_{0}.sql'.
format(i['name']), 'r', 'utf-8') as f:
            query = f.read()
            query = query.format(
                '{{(execution_date + macros.timedelta(days=2)).
strftime("%Y%m%d")}}', 'import')
            import_to_cold = BigQueryOperator(
```

```
                task_id='import_to_cold_{0}'.format(i['name']),
                sql=query,
                destination_dataset_table='{0}.cold.{1}_{2}'.format(
                    PROJECT_NAME, i['name'], '{{(execution_date + macros.
timedelta(days=2)).strftime("%Y%m%d")}}'),
                create_disposition='CREATE_IF_NEEDED',
                write_disposition='WRITE_TRUNCATE',
                use_legacy_sql=False,
                dag=dag,
            )
        # cold 테이블을 큰 work 테이블에 append한다.
        # 이력형 테이블로 하는 경우 fromDate, toDate를 부여해 Merge하는 등 Query에
        # 대한 고려가 필요하다. 참고로 Merge할 경우는 BigQueryOperator의 파라미터가
        # 변하는 점에 주의하기 바란다. 'destination_dataset_table'의 지정을 할 수
        # 없게 된다.
        with codecs.open('/home/airflow/gcs/dags/query/to_work_{0}.sql'.
format(i['name']), 'r', 'utf-8') as f:
            query = f.read()
            query = query.format(
                'cold', '{{(execution_date + macros.timedelta(days=2)).
strftime("%Y%m%d")}}')
            cold_to_work = BigQueryOperator(
                task_id='cold_to_work_{0}'.format(i['name']),
                sql=query,
                destination_dataset_table='{0}.work.{1}'.format(
                    PROJECT_NAME, i['name']),
                create_disposition='CREATE_IF_NEEDED',
                write_disposition='WRITE_APPEND',
                use_legacy_sql=False,
                dag=dag,
            )


        # 개별로 정의한 Operator의 의존관계를 정의한다.
        sense_file >> gcs_to_bq >> import_to_cold >> cold_to_work

        # sales 관련 테이블이 work 단계에 모두 갖추어지는 것을 더미 오퍼레이터를
        # 사용해 실시한다.
        if i['join_sales'] == 1:
            cold_to_work >> wait_sales

        # stock 관련 테이블이 work 단계에 모두 갖추어지는 것을 더미 오퍼레이터를
        # 사용해 실시한다.
        if i['join_stock'] == 1:
            cold_to_work >> wait_stock
```

```
            # customer 관련 테이블이 work 단계에 모두 갖추어지는 것을 더미 오퍼레이터를
            # 사용해 실시한다.
            if i['join_customer'] == 1:
                cold_to_work >> wait_customer

# work 데이터세트에 있는 sales 관련 테이블을 결합한다.
with codecs.open('/home/airflow/gcs/dags/query/join_sales.sql', 'r', 'utf-8') as f:
    query = f.read()
    query = query.format(PROJECT_NAME)
    join_sales = BigQueryOperator(
        task_id='join_sales',
        sql=query,
        destination_dataset_table='{0}.warm.sales_joined'.format(PROJECT_NAME),
        create_disposition='CREATE_IF_NEEDED',
        write_disposition='WRITE_TRUNCATE',
        use_legacy_sql=False,
        dag=dag
    )
    wait_sales >> join_sales

# work 데이터세트에 있는 stock 관련 테이블을 통합한다.
with codecs.open('/home/airflow/gcs/dags/query/join_stock.sql', 'r', 'utf-8') as f:
    query = f.read()
    query = query.format(PROJECT_NAME)
    join_stock = BigQueryOperator(
        task_id='join_stock',
        sql=query,
        destination_dataset_table='{0}.warm.stock_joined'.format(PROJECT_NAME),
        create_disposition='CREATE_IF_NEEDED',
        write_disposition='WRITE_TRUNCATE',
        use_legacy_sql=False,
        dag=dag
    )

    wait_stock >> join_stock

# work 데이터세트에 있는 stock 관련 테이블을 결합한다.
with codecs.open('/home/airflow/gcs/dags/query/join_customer.sql', 'r', 'utf-8') as
f:
    query = f.read()
    query = query.format(PROJECT_NAME)
    join_customer = BigQueryOperator(
        task_id='join_customer',
        sql=query,
        destination_dataset_table='{0}.warm.customer_joined'.format(
```

```
        PROJECT_NAME),
    create_disposition='CREATE_IF_NEEDED',
    write_disposition='WRITE_TRUNCATE',
    use_legacy_sql=False,
    dag=dag
)
    wait_customer >> join_customer
```

위의 dwh_sample.py를 실행하면 Airflow UI에 다음과 같은 태스크 실행 상황이 표시된다. 개별 Operator와 의존관계 또한 각 테이블을 감지하는 최초의 센서가 동작하고 있음을 알 수 있다.

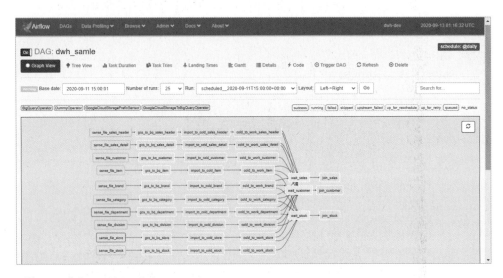

그림 5-32 예제 DWH의 GraphView

5.4.5 모니터링

🔍 워크플로 시각화 – Airflow UI

지금까지 실제로 DAG를 작성하고 그 움직임을 확인해보았다. 그때마다 작업에 사용했던 Airflow UI에 대해 여기서 정리하여 소개하고자 한다.

UI는 Airflow의 특징 중 하나인데, 복잡하게 만들어진 워크플로라도 시각화할 수 있기 때문에 눈으로 직접 확인할 수 있다. 게다가 DAG의 실행이나 개별 task에 대해서 그 실행 등을 조작할 수 있다.

여기서는 앞에서 소개한 DAG(branch_python_operator.py) 실행을 예로 들어 설명하고자 한다.

⬡ DAGs View(Top page)

우선 DAGs View다. 이것이 Airflow UI의 톱 페이지다. URL은 다음과 같다.[4]

- https://dwh-sample.appspot.com/admin/

STEP 1 이 페이지에서는 정의한 DAG 리스트가 개요와 함께 표시된다. 최근 Operation 실행 목록을 볼 수 있다.

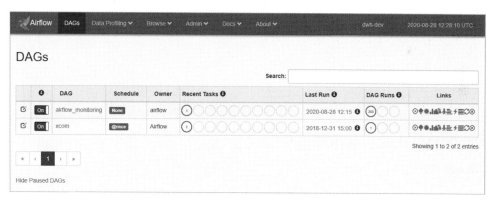

그림 5-33 DAGs View(Top page)

----

4 URL은 각자의 환경에 따라 앞부분이 바뀐다. 그러므로 아래 그림과 같이 Cloud Composer의 Airflow 링크를 클릭해서 이동하는 편이 좋다.

STEP 2 각 DAG에 대해서는 정의한 Operation과 실행에 대해서 여러 다른 각도의 View가 준비돼 있다. Graph View, Tree View, Gantt Chart, Task Duration 등이 있다.

Graph View와 Tree View가 빈번히 사용되므로 여기서는 그 두 가지를 설명한다.

Graph View는 각 Operation과 그 의존관계를 나타낸다. Operation에 대해서는 둥근 사각형으로, 의존관계에 대해서는 왼쪽에서 오른쪽으로 화살표로 연결하여 표시한다. 워크플로와 그 성공 여부를 직감적으로 파악하기 쉽다.

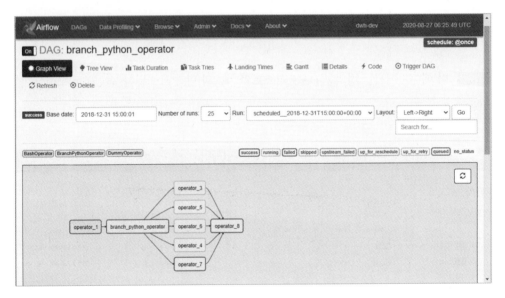

그림 5-34 Graph View

Tree View는 각 Operation과 그 의존관계를 나뭇가지 모양으로 표현한다. 오른쪽에는 시계열로 DAG와 각 Operation 실행 성공 여부를 나타낸다. 복잡한 워크플로의 경우 어느 Operation 처리가 늦어지고 있는지 재빨리 확인할 수 있다.

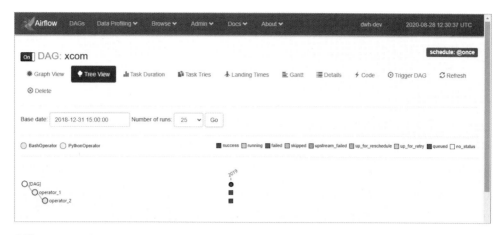

그림 5-35 Tree View

Data Profiling

Data Profiling은 Airflow와 연관된 각종 DB에서 필요한 정보를 쿼리로 추출하고 차트로 시각화할 수 있다. 여기서는 Ad Hoc Query를 예로 들고 있다.

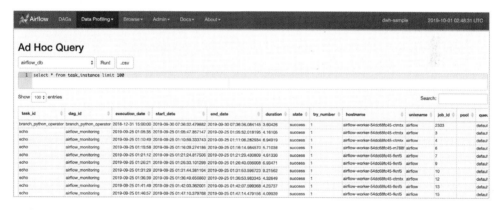

그림 5-36 Data Profiling

Browse

이 UI는 모든 DAG와 관련하여 다음의 정보를 얻고 필요한 설정을 할 수 있다.

1. Sla Misses

SLA(Service Level Agreement)를 DAG 실행 시작부터의 허용 경과 시간으로 정의할 수 있다.

2. Task Instances

DAG가 실행되었을 때의 개요를 Operation 단위로 볼 수 있다.

3. Logs

GCS의 logs 폴더에 DAG/task/date/log_file이라는 경로에 실행된 각 task 로그가 저장된다. Logs에서는 그 외에도 UI에서 조작 이력 로그를 볼 수 있다.

4. Jobs

Composer의 경우 GKE에서 scheduler와 worker가 각 Container에 할당되고 Operation 분산 처리를 CeleryExecutor가 실시한다. 이 UI는 이러한 Container당 DAG 실행 상황을 살펴볼 수 있다. 참고로 Airflow의 heartbeat에는 두 종류가 있으며 확인할 수 있는 Latest Heartbeat는 다음 중 앞의 것이다.

- scheduler_heartbeat_sec: Scheduler가 새로운 Operation을 실행하는 빈도를 초 단위로 설정한다(Composer에서는 자체 설정 불가).
- job_heartbeat_sec: Task instance가 실행 중인 Operation의 clear 등이 없는지 확인하는 빈도를 초 단위로 설정한다(Composer에서는 자체 설정 불가).

5. DAG Runs

DAG가 실행되었을 때의 Dag Id, Run Id, 실행 시간, 트리거 종류(스케줄 또는 수동)를 볼 수 있다. 실행 중(running)인 task의 경우 Run_id 링크를 클릭해서 진행하면 개별 task 실행 상황을 볼 수 있는 페이지로 전환한다.

⬡ Admin

Admin에서는 Airflow 중심부에 대한 정보 열람 및 필요한 설정을 할 수 있다. 그중 일부를 소개한다.

i. Pools

task 최대 동시 실행 수와 관련 있어 6.4.6절에서 설명한다.

ii. Configuration

Cloud Composer의 각종 설정에 대해 살펴볼 수 있다. 설정을 변경하고 싶다면 콘솔을 통해서 변경 가능한 항목을 변경할 수 있다.

iii. Connections

외부 시스템과 연계한 정보를 조회할 수 있으며 필요에 따라 연계 정보를 추가할 수 있다. 예를 들어 슬랙Slack으로 오류 통지를 구현하는 경우 필요한 사항을 설정해야 한다. 자세한 내용은 아래 블로그를 참고하길 바란다.

▼ 참조

https://medium.com/datareply/integrating-slack-alerts-in-airflow-c9dcd155105

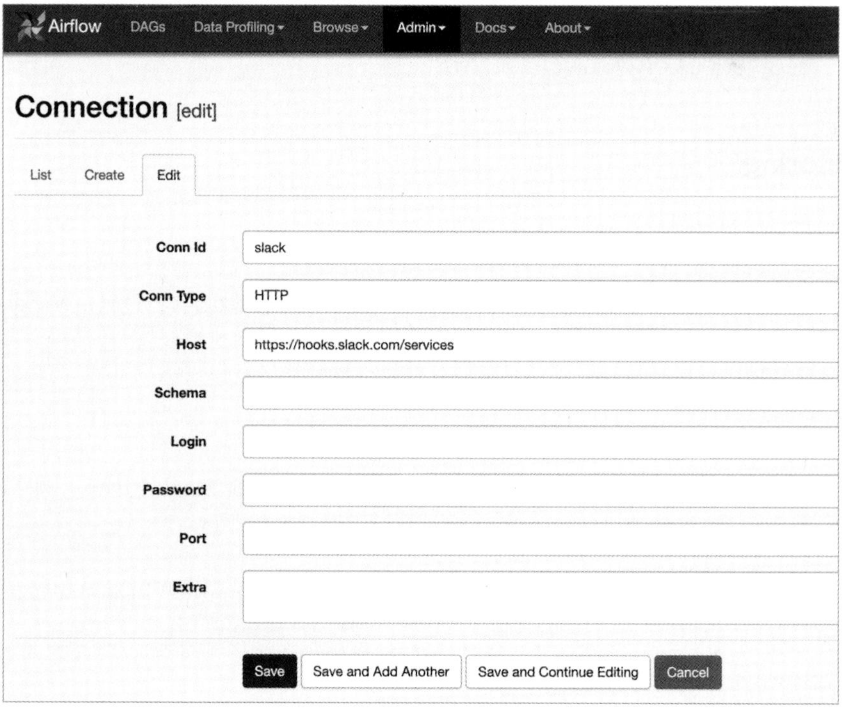

그림 5-37 Connections

iv. XComs

앞서 언급한 XComs에 관한 실행 상황 그리고 UI에서 설정할 수 있는 UI다. xcom의 DAG
에서 push/pull 내용이 표시되고 있다.

그림 5-38 Xcoms

Docs

Docs는 도큐먼트 및 소스 코드가 있는 깃허브 링크다. Cloud Composer가 채택하는 Airflow
버전에 주의해야 한다. Airflow 각 버전은 아래 링크에서 찾을 수 있다.

- https://readthedocs.org/projects/airflow/

Monitoring

task 실행 성공 여부

앞서 언급한 바와 같이 Airflow의 UI에 각 task 실행 성공 여부가 표시된다. DAGs View,
Graph View, Tree View 각각에서 확인할 수 있다.

Google Stackdriver

Cloud Composer의 실행을 지탱하는 GKE 감시에 대해서는 Google Stackdriver 등의 모
니터링 서비스를 이용하게 될 것이다.

한편, 각 task 실행 오류 등의 감시에 대해서는 task 성공 여부와 관련하여 통지하는 구조를
구현해야 한다. 이 책에서는 슬랙으로 오류를 통지하는 함수를 구현하는 방법을 소개했지만
필요에 따라 다양하게 구성할 수 있다.

5.4.6 Composer 튜닝

지금까지 살펴본 것처럼 Cloud Composer는 Operation이라는 작은 서비스를 실행하는데 있어서 의존 관계를 정리하여 순서대로 실행하거나 또는 병렬로 실행할 수 있다.

다만 그 Operation 수가 많아지면 당연히 그 실행을 지탱하는 GKE에 부하가 걸린다. 따라서 실시하는 서비스에 대해 실현 가능한 만큼의 노드 수와 스펙을 사전에 알고 있어야 한다.

여기에서는 센서의 병렬 실행을 이용하여 Operation의 개별적이고 구체적인 실행인 task instance의 최대 동시 실행 수를 찾아보는 예를 소개한다.

먼저 task instance의 최대 동시 실행 수에 관련된 Apache Airflow 설정 항목에 대해 설명하고 이를 근거로 부하 테스트를 설명한다.

🔍 Apache Airflow의 Configuration

Composer에서는 콘솔인 AIRFLOW CONFIGURATION OVERRIDES에서 Apache Airflow 구성 속성을 재정의할 수 있다. 튜닝을 필요로 하는 속성에 대해서는 여기서 기본값을 재정의한다.

그림 5-39 Apache Airflow의 Configuration

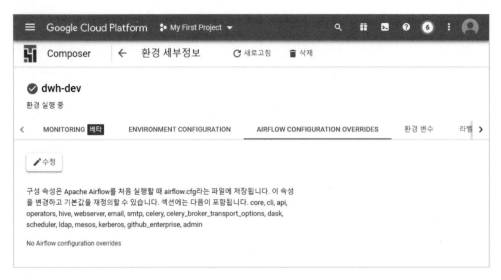

그림 5-40 Apache Airflow의 환경 세부정보 수정

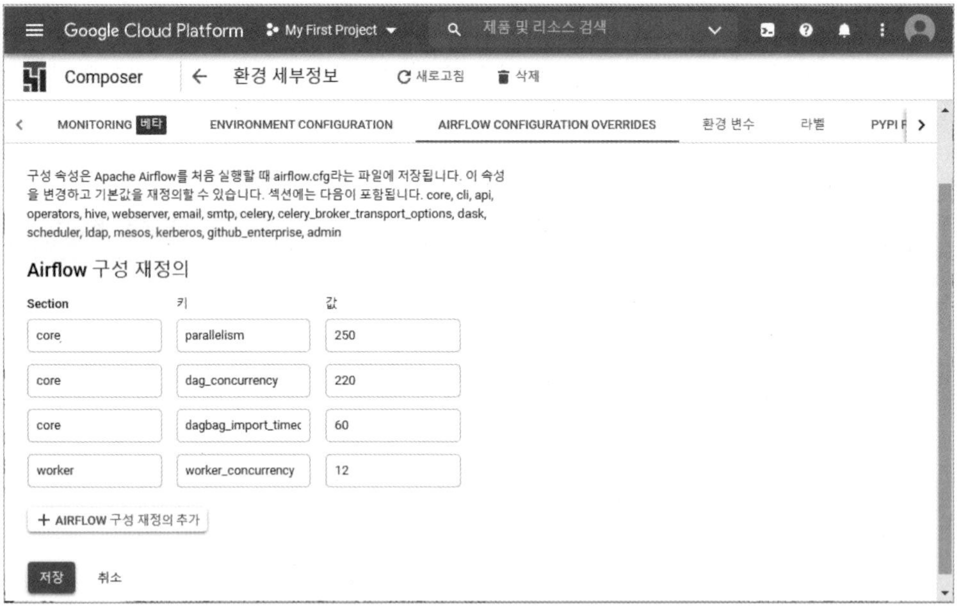

그림 5-41 Apache Airflow의 Configuration 구성 재정의

⬡ task instance 최대 동시 실행 수

수많은 task instance 동시 실행의 경우 튜닝을 필요로 한다. Composer는 DAG에서 정의한 스케줄에 따라 Scheduler가 Worker에게 task를 실행시키는데, 그때 Celery Executor에 의해 task 분산 처리가 이뤄진다. 그리고 분산 처리할 때 task instance의 최대 동시 실행 수를 콘솔에서 설정할 수 있다.

실제로 DWH를 구축할 때는 하나나 둘이 아니라 수백 수천 혹은 수만 테이블을 외부 데이터 소스에서 연계하게 될 것이다. 그때, 예를 들어 센서를 사용한 구성이라면 여러 센서가 동시에 실행될 것이다. 그 경우 다음 각 항목을 필요한 만큼의 수로 설정해야 한다.

다음은 설정 가능한 항목을 예로 들고 있다.

[core]:

1 parallelism: Composer에서 동시에 실행 가능한 task instance 최대 개수를 설정한다.

2 dag_concurrency: Scheduler에 의해 동시 실행하는 task instance 수를 설정한다.

3 non_pooled_task_slot_count: pool 개수를 설정한다. 기본값은 128이다.

4 max_active_dag_runs_per_dag: DAG는 스케줄 또는 외부 트리거에 의해 실행되는데, 날짜를 소급하여 여러 번 실행하거나 외부 트리거에 의해 여러 번 실행될 때 최대 DAG 실행 수를 설정한다. 참고로 동시 실행하는 task instance 수를 제한하는 것이 아니라는 점에 주의한다. Pool이라는 기능에서 시행한다.

[scheduler]

1 schedule_heartbeat_sec: 스케줄러의 실행 빈도를 설정한다(초 단위).

2 min_file_process_interval: dags 폴더에 존재하는 파일 로드를 몇 초에 1회 할 것인지 설정한다.

[worker]

1 worker_concurrency: 워커당 task instance 동시 실행의 최대 개수를 설정한다.

🔍 부하 테스트

1. 의의

수백, 수만 개나 되는 수의 테이블을 가공하여 결합하는 처리의 경우 그때의 Operation에는 CPU나 메모리에 매우 큰 부하가 걸리게 된다. 이러면 기본 설정의 스펙이나 노드 수로는 리소스가 부족하여 생각처럼 처리되지 않거나 오류가 발생하기도 한다.

그러므로 DWH에서 실시하는 Operation 내용에 따라 적절한 스펙이나 노드 수를 결정할 필요가 있다. 그러기 위해서는 발생할 수 있는 상황을 예상하여 그에 따른 내용의 부하 테스트를 실행해야 한다.

여기에서는 센서를 동시에 실행해야 하는 경우를 예상하여 Airflow 설정을 조정하면서 테스트한 내용을 소개하고자 한다.

2. 테스트 내용

이 테스트에서는 200개의 센서를 동시 실행하는 데 필요한 노드 수와 설정을 확인했다.

항목	값
테이블 수	200
동시 실행할 센서 수	200

3. 환경 구축에 대해서

(1) 변경 불가 부분

처음의 환경 구축 시에만 지정할 수 있는 내용이며 이번 테스트에는 다음과 같이 설정했다.

설정 항목	설정 값
zone	us-central1-c
machine type	n1-standard-1
Disk size(GB)	20
Image version	composer-1.7.5-airflow-1.10.2
Python version	3

(2) 가변 부분

환경 구축 후에 바꿀 수 있는 것은 이 환경의 실행에 사용하는 GKE 클러스터의 노드 수뿐이다. 스펙 변경도 불가능하다.

4. 첫 번째 튜닝

우선, 노드 수를 기본값인 3으로 하고 아래 표의 설정으로 200 테이블의 센서를 JOB으로 등록했다.

설정 항목	설정 값
node count	3

section	키	설정 값
core	dagbag_import_timeout	30
core	parallelism	30
core	dag_concurrency	15
celery	worker_concurrency	6

이 설정의 경우 다음과 같은 결과가 나왔다.

section	설정 값
queue	15
running	15

5. 두 번째 튜닝

다음으로 아래 설정으로 200 테이블의 센서를 JOB으로 등록했다.

설정 항목	설정 값
node count	3

section	키	설정 값
core	dagbag_import_timeout	60
core	parallelism	250
core	dag_concurrency	220
celery	worker_concurrency	6

이 설정의 경우 다음과 같은 결과가 나왔다.

section	설정 값
queue	200
running	18

6. 세 번째 튜닝

다음 아래의 설정으로 200 테이블의 센서를 JOB으로 등록했다.

설정 항목	설정 값
node count	3

section	키	설정 값
core	dagbag_import_timeout	60
core	parallelism	250
core	dag_concurrency	220
celery	worker_concurrency	12

이 설정의 경우 단번에 90까지 task 동시 실행이 시작됐다. 그러나 그 후 task의 40% 가까이 재실행됐다. 인스턴스 그룹의 CPU 사용률도 뚝 떨어졌다.

section	설정 값
queue	200
running	90
restart	task의 40% 가까이
GKE node	memory pressure 경고

Airflow UI에 표시되는 task의 동시 실행 상황은 다음 그림과 같다.

> **NOTE**
>
> 하단 Recent Tasks가 부하 테스트의 결과다(이하 동일).

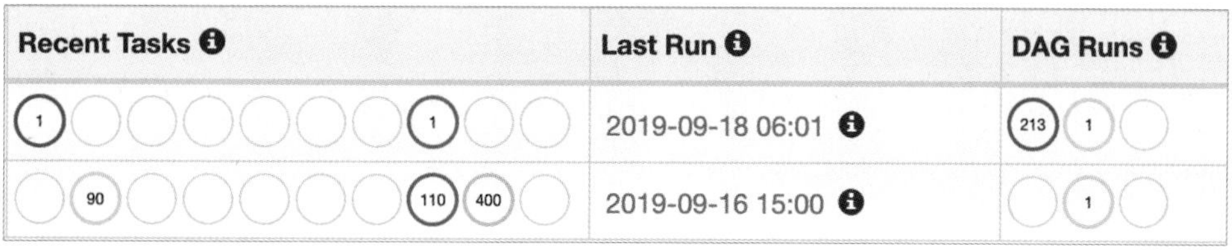

Recent Tasks ⓘ	Last Run ⓘ	DAG Runs ⓘ
① ◯ ◯ ◯ ◯ ◯ ① ◯ ◯ ◯	2019-09-18 06:01 ⓘ	⑬ ① ◯
◯ ⑨⓪ ◯ ◯ ◯ ◯ ⑪⓪ ④⓪⓪ ◯	2019-09-16 15:00 ⓘ	◯ ① ◯

그림 5-42 부하 테스트_1

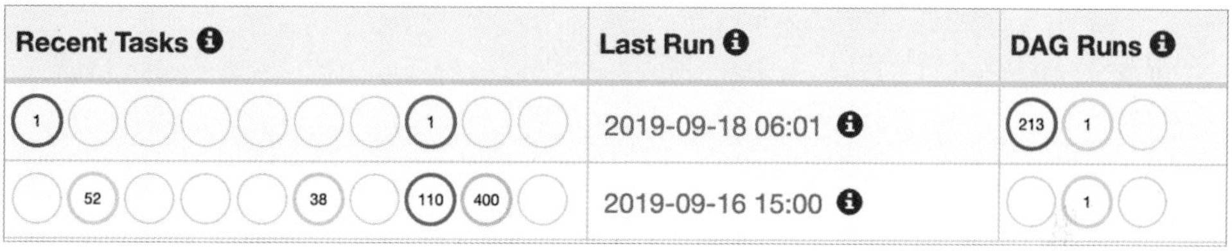

Recent Tasks ⓘ	Last Run ⓘ	DAG Runs ⓘ
① ◯ ◯ ◯ ◯ ◯ ① ◯ ◯ ◯	2019-09-18 06:01 ⓘ	⑬ ① ◯
◯ ⑤② ◯ ◯ ③⑧ ◯ ⑪⓪ ④⓪⓪ ◯	2019-09-16 15:00 ⓘ	◯ ① ◯

그림 5-43 부하 테스트_2

그림 5-44 부하 테스트_3

7. 네 번째 튜닝

다음으로 아래 설정으로 200 테이블의 센서를 JOB으로 등록했다.

설정 항목	설정 값
node count	4

section	키	설정 값
core	dagbag_import_timeout	60
core	parallelism	250
core	dag_concurrency	220
celery	worker_concurrency	12

이 설정의 경우 170 이상까지 task 동시 실행 수가 증가했다.

section	설정 값
queue	200
running	170이상
GKE node	memory pressure 경고

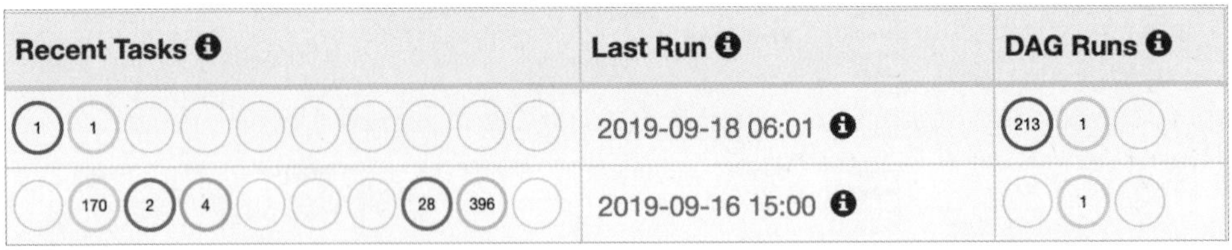

Recent Tasks ❶											Last Run ❶	DAG Runs ❶	
1	1										2019-09-18 06:01 ❶	213	1
	170	2	4					28	396		2019-09-16 15:00 ❶		1

그림 5-45 부하 테스트_4

그림 5-46 부하 테스트_5

8. 다섯 번째 튜닝

다음으로 아래의 설정으로 200 테이블의 센서를 JOB으로 등록했다.

설정 항목	설정 값
node count	5

section	키	설정 값
core	dagbag_import_timeout	60
core	parallelism	250
core	dag_concurrency	220
celery	worker_concurrency	12

이 설정의 경우 170 이상까지 task 동시 실행 수가 증가했다.

section	설정 값
queue	200
running	200
GKE node	memory pressure 경고 소멸

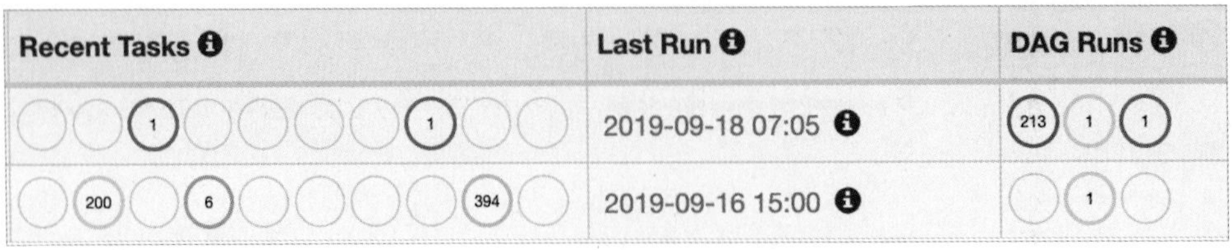

Recent Tasks ⓘ	Last Run ⓘ	DAG Runs ⓘ
◯◯①◯◯◯◯①◯◯	2019-09-18 07:05 ⓘ	㉑③①①
◯⑳◯⑥◯◯◯◯㊫◯	2019-09-16 15:00 ⓘ	◯◯①◯

그림 5-47 부하 테스트_6

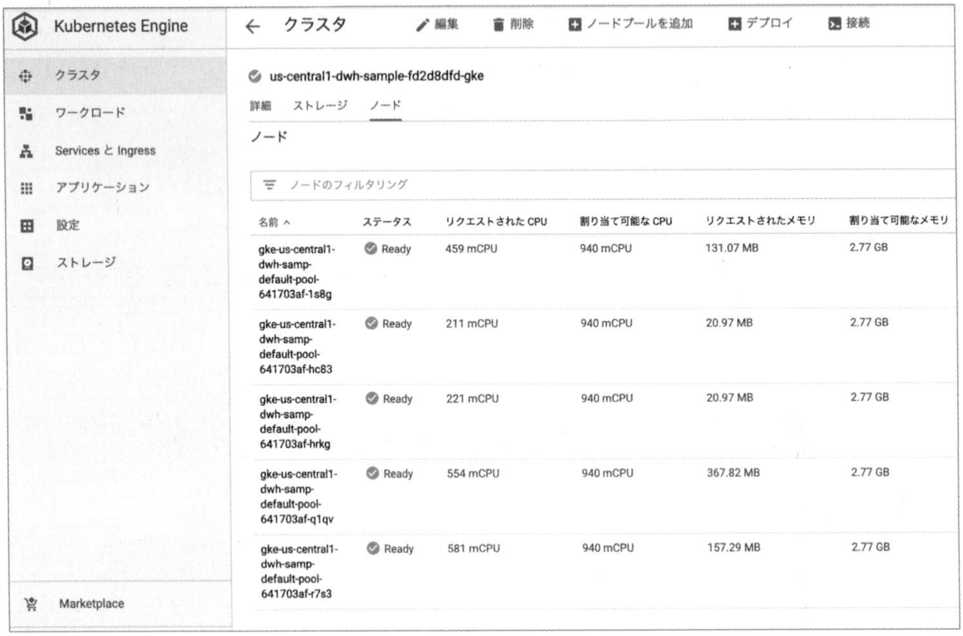

그림 5-48 부하 테스트_7

9. 결론

다섯 번째 튜닝 설정에서 동시 실행 수가 200에 도달했고, 그 이전에서는 경고가 발생했던 memory pressure가 사라졌다.

이와 같이 개발 단계에서는 기본 스펙으로 가동시켜서 비용을 줄여 부하 테스트를 실행하고 프로덕션 환경에서는 고사양 타입으로 변경하는 등 별도의 구성을 채택할 수도 있을 것이다.

🔷 Pool에 대해서

한편 task instance의 최대 동시 실행 수를 제한하고 싶은 경우도 있을 것이다. 특정 task 또는 모든 task에 대해 반드시 동시 실행하지 않아도 괜찮은 상황이라면 시간을 늦추어 처리를 순환시켜 진행하는 경우가 바로 그것이다. 상황에 맞게 고민해야 하겠지만 노드 수나 스펙을 올리지 않고 효율적으로 다수의 task를 처리할 수도 있다.

또한 이 기능은 동시에 priority_weight(Pool 안에서 우선순위) 설정이 가능해서 때에 따라서는 매우 유용하다.

웹 UI의 Pool에 필요 사항을 설정함과 동시에 다음과 같이 대상의 Operation을 실시하는 Operator(또는 모든 Operation 대상이면 default_args로 설정하는 등)에 파라미터를 설정한다.

```
operator_1 = BashOperator(
    task_id='operator_1',
    bash_command='echo {}'.format(datetime.now()),
    pool='target_task',
    dag=dag,
)
```

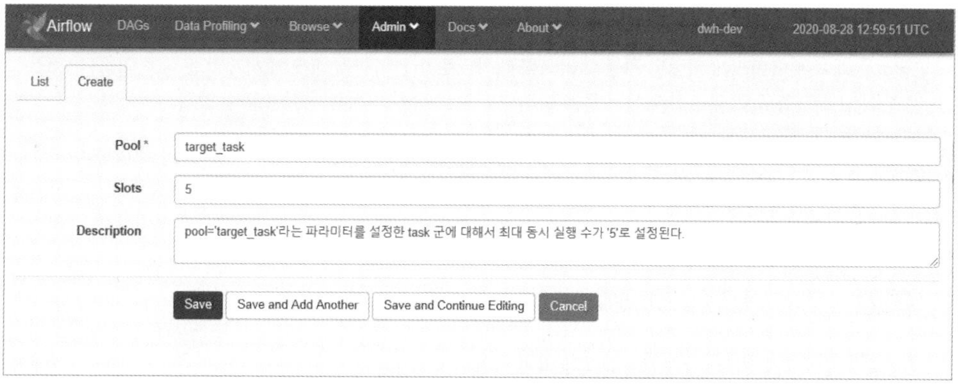

그림 5-49 Pool

Column **Cloud Datalab상에서의 데이터 분석**

● **Cloud Datalab이란?**

Cloud Datalab은 브라우저상에서 데이터 분석(머신러닝을 포함)에 필요한 파이썬 코드를 작성하고 즉시 실행하여 그 결과를 시각화할 수 있는 (표와 그래프 등) 데이터 분석 서비스다. 이른바 Jupyter Notebook의 클라우드 버전이다.

GCP 환경 위에서 동작시키기 때문에 로컬 PC에서는 처리가 곤란했던 빅데이터를 쉽게 처리할 수 있다.

또한 문서에 적혀 있는 다음과 같은 이점이 있다.

- Cloud Datalab의 /docs 폴더에는 실행할 수 있는 태스크에 대해서 설명하는 여러 자습서 및 예제가 포함되어 있다.
- Cloud Datalab에는 데이터 분석, 시각화, 머신러닝을 위해 일반적으로 사용되는 일련의 오픈 소스 파이썬 라이브러리가 포함되어 있다.
- 또한 Google BigQuery, Google Machine Learning Engine, Google Dataflow, Google Cloud Storage 등 주요 Google Cloud Platform 서비스에 액세스하기 위한 라이브러리도 추가되어 있다.

  ▼ **참조**

  https://cloud.google.com/datalab/docs/concepts/key-concepts?hl=ko

이상을 고려하면 데이터 분석에는 안성맞춤의 환경이라고 말할 수 있을 것이다.

● **DWH에서 추출한 데이터를 사용하는 범용적인 시계열 분석**

Datalab에서는 빅쿼리에 저장된 각종 데이터를 대상으로 머신러닝을 비롯해 시계열 분석을 이용한 수요 예측, 재고 최적화 등의 알고리즘 적용 등을 파이썬 코드로 작성하여 즉시 실행할 수 있다.

일례로서 DWH의 sales 테이블에서 매일 제품 판매량을 집계해 범용적인 시계열 분석 라이브러리인 fbprophet을 적용한 예를 들어보고자 한다.

STEP 1 로컬 PC 또는 Cloud Shell에서 Cloud Datalab 인스턴스를 만든다.

예를 들어 인스턴스 이름을 'dwh-analysis'라고 하자.

```
$ datalab create dwh-analysis
```

잠시 후 다음과 같은 표시가 나타나면 링크를 클릭한다.

```
The connection to Datalab is now open and will remain until this command is killed.
You can connect to Datalab at http://localhost:8081/
```

그림 5-50 datalab create

STEP 2 링크를 클릭하면 다음 화면이 나타난다. Notebooks를 클릭하여 해당 폴더에 새로운 Notebook 을 작성하거나 수중에 있는 jupyter notebook 파일을 업로드한다. 여기에서는 수중에 있는 dwh_ analysis.ipynb 파일을 업로드하고 있다.

그림 5-51 notebook upload

STEP 3 dwh_analysis.ipynb를 클릭하면 다음 화면이 나타난다. 새로운 Notebook의 경우 빈 셀이 나 타난다. 거기에 필요한 코드를 작성해 나가면 된다. 여기에서는 이미 작성된 코드를 나타내고 있다.

먼저 '1. 준비'에서 fbprophet의 설치, 필요한 라이브러리의 임포트를 실시하고 있다.

그림 5-52 analysis_1

STEP 4 '2. 간단한 데이터 분석'에서 판매량의 시계열 분석에 필요한 집계와 예측 모델의 작성 및 실제 예측을 시행하고 있다.

먼저 빅쿼리에 특정 판매 데이터의 일일 집계를 시행한다. bq 명령어로 query를 보내면 집계 결과가 반환된다. 시험 삼아 표시하고 있다.

그림 5-53 analysis_2

STEP 5 다음으로 그것을 pandas의 dataframe에 저장한다. 시험 삼아 표시하고 있다.

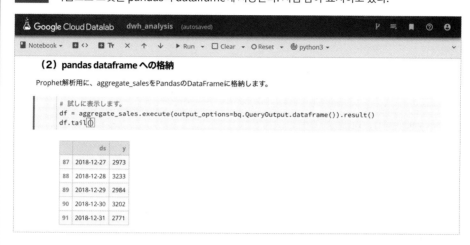

그림 5-54 analysis_3

STEP 6 그리고 PROPHET 분석에 필요한 설정을 한다.

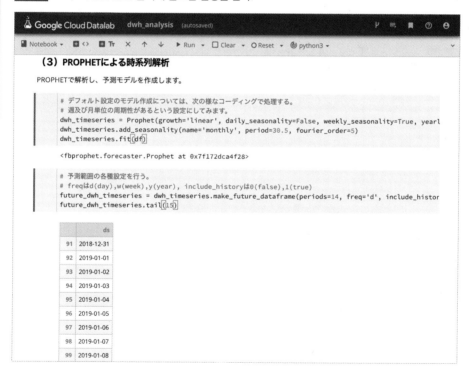

그림 5-55 analysis_4

예측 모델을 만들고 실제로 예측한다. yhat는 예측값이며 upper와 lower도 동시에 계산된다.

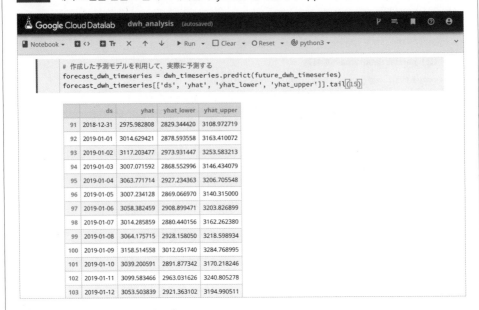

```
# 作成した予測モデルを利用して、実際に予測する
forecast_dwh_timeseries = dwh_timeseries.predict(future_dwh_timeseries)
forecast_dwh_timeseries[['ds', 'yhat', 'yhat_lower', 'yhat_upper']].tail(15)
```

	ds	yhat	yhat_lower	yhat_upper
91	2018-12-31	2975.982808	2829.344420	3108.972719
92	2019-01-01	3014.629421	2878.593558	3163.410072
93	2019-01-02	3117.203477	2973.931447	3253.583213
94	2019-01-03	3007.071592	2868.552996	3146.434079
95	2019-01-04	3063.771714	2927.234363	3206.705548
96	2019-01-05	3007.234128	2869.066970	3140.315000
97	2019-01-06	3058.382459	2908.899471	3203.826899
98	2019-01-07	3014.285859	2880.440156	3162.262380
99	2019-01-08	3064.175715	2928.158050	3218.598934
100	2019-01-09	3158.514558	3012.051740	3284.768995
101	2019-01-10	3039.200591	2891.877342	3170.218246
102	2019-01-11	3099.583466	2963.031626	3240.805278
103	2019-01-12	3053.503839	2921.363102	3194.990511

그림 5-56 analysis_5

STEP 8 plot 메소드를 사용하면 실측값과 예측값 그리고 위의 upper와 lower가 시각화된다. 오른쪽에 있는 흑점(실측값)이 없는 부분이 예측값이다.

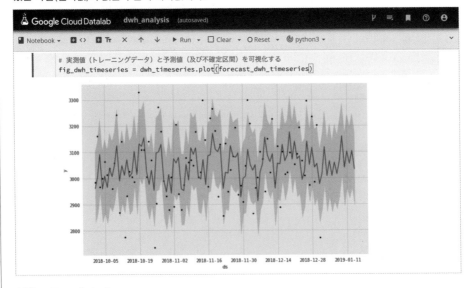

```
# 実測値（トレーニングデータ）と予測値（及び不確定区間）を可視化する
fig_dwh_timeseries = dwh_timeseries.plot(forecast_dwh_timeseries)
```

그림 5-57 analysis_6

STEP 9 plot_components 메소드를 사용하면 트렌드와 주기성이 분해되어 시각화된다.

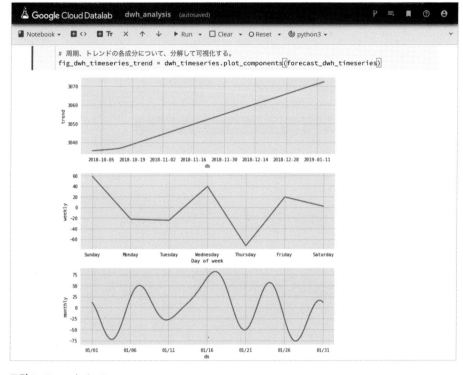

그림 5-58 analysis_7

위와 같이 아주 쉽게 모델 생성과 예측을 할 수 있다.

스트리밍 처리에서의
데이터 수집

데이터 분석의 최종 목표인 의사결정을 빠르게 하기 위해서는 어떤 접근 방법을 생각할 수 있을까?
그 대답의 하나로 지속적으로 수집하는 데이터를 실시간으로 분석하는 스트리밍 분석 방법에 대해
빅쿼리의 새로운 기능과 함께 소개하고자 한다.

6.1 스트리밍 요구사항 확인

 선배님, 요구사항 목록에서 의미를 이해하기 어려운 항목이 있는데요. 좀 살펴봐주시겠어요?

어디 보자... EC 사업부 요청이네? 'EC 사이트의 매출 데이터를 스트리밍으로 분석 가능한가요?' 이거 또 어려운 요청이 왔네.

 스트리밍으로 분석이라니, 도대체 무슨 말이죠?|

그 전에 '스트리밍 데이터'라는 데이터 종류가 있다는 것을 알고 있어야 해. 스트리밍 데이터는 말 그대로 마치 강의 흐름처럼 수시로 생성되는 데이터를 말하는데, 축적된 데이터와는 다르게 전송되는 데이터양에 제한이 없기 때문에 빅데이터로 알려져 있어.

 아, 그렇군요. 예를 들면 웹사이트의 로그를 계속 송신하고 있다면 스트리밍 데이터라고 부를 수 있나요?

부를 수 있지. 그 밖에도 트위터의 트윗이나 IoT 기기에서 전송되는 로그 같은 것도 스트리밍 데이터야.

 그러니까 예전처럼 특정 타이밍에 일괄적으로 보내는 일괄 처리 데이터를 분석하는 것이 아니라 실시간으로 보내는 데이터를 분석하고 싶다는 말이네요.

그렇지. EC 사업부가 운영하는 EC 사이트의 회원 수도 급격히 증가하고 있는 것 같고, 지금까지의 분석 방법으로는 대응이 늦는 경우가 많았을 거야.

그러고 보니 EC 사이트도 클라우드로 옮긴다는 얘기가 나왔거든요.

스트리밍 분석은 다양한 서비스를 조합하지 않으면 실현할 수 없으니까 클라우드 서비스를 전면적으로 활용할 필요가 있지. 보람은 있겠지만 구축과 운영에 드는 비용도 있으니 한번 분석 요구사항을 들어보러 가자고.

네.

데이터를 스트리밍으로 분석하고 싶다는 요구사항에 대해서는 우선 데이터양과 읽어 들이는 빈도, 분석 데이터의 신선도를 확인한다. 이상 감지 및 모니터링 용도가 아닌 경향 파악이 목적이라면 데이터 갱신 빈도를 낮춰 정기적인 일괄 처리 로딩 방식으로도 요구사항을 충족할 수 있다.

어디까지가 양보할 수 없는 요구사항인지, 어떤 부분이 타협 가능한 것인지 요구사항을 제시한 사람과 잘 이야기해보는 것이 중요하다.

Column **Cloud OnAir를 활용하자**

앞서 한번 소개한 Cloud OnAir에 대한 이야기다. 이 장에서 다루는 스트리밍에 대해서도 방송했으며, 스트리밍에 대한 기본적인 개념을 배울 수 있기 때문에 이것도 함께 읽어두면 이해하기 쉽다.

▼ Cloud OnAir GCP에서 스트리밍 데이터 처리 플랫폼을 구축해보자!

- (2018년 9월 13일 방송)
- 방송: (업로드되지 않음)
- 슬라이드: https://www.slideshare.net/GoogleCloudPlatformJP/cloud-onair-gcp-2018913

6.2 아키텍처 검토

결국 스트리밍 분석을 할 수 있도록 분석 플랫폼을 확장하게 되었네요.

EC 사업부는 회사에서 가장 힘이 있는 부서니까. 예산도 승인을 얻을 것 같으니 전력을 다해서 임해보자고.

선배님, 이미 구체적인 구상은 되어 있으시죠?

응. 우선, 데이터 수집에는 스트림 분석 파이프라인 기반으로 사용할 수 있는 이벤트 로딩 및 전달 시스템인 Cloud Pub/Sub를 사용하려고 생각하고 있어.

마침 스트리밍을 조사하면서 공식 문서를 보고 있던 참인데 낮은 레이턴시로 다양한 서비스에 데이터를 중개하고 있네요.

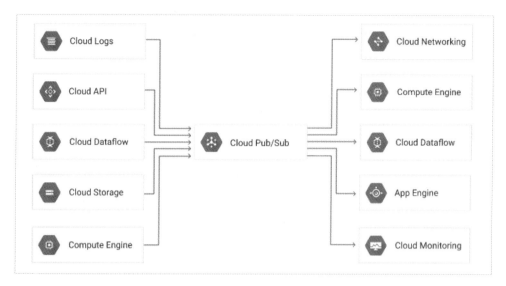

그림 6-1 Cloud Pub/Sub 통합

출처: https://cloud.google.com/pubsub/docs/overview?hl=ja#cloud-pubsub-]

이 그림에도 있지만 수집된 데이터를 가공하고 빅쿼리로 저장하는 데는 다양한 데이터 처리 패턴의 실행을 지원하는 Cloud Dataflow 라는 서비스를 사용하려고 해.

제휴처 서비스가 여러 가지 있어 혼란스럽지만 이번 요구사항이 아니라 면 다른 것도 괜찮은 거죠?

좋은 질문이네. 아키텍처를 제대로 선정하기 위해서는 각각의 서비스 사양을 이해해 둘 필요가 있어. 예를 들어 이번 판매 데이터와 같이 중복이 허용되지 않는 경우에는 주의가 필요하지. Cloud Pub/Sub는 at-least-once, 즉 '적어도 한 번' 이벤트를 전달하는 구조이 므로 동일한 데이터가 2회 송신되는 경우도 있다고.

데이터를 받는 쪽에서 아무런 대책을 하지 않으면 이중으로 처리되겠네요.

Cloud Dataflow에는 Cloud Pub/Sub 메시지 스트림을 exactly-once, 즉 '반드시 한 번만' 취득하기 위한 PubsubIO라는 기능이 있 어. 게다가 수시로 들어오는 데이터를 타임스탬프 및 특정 키로 그룹 화할 수도 있지.

네, 다른 서비스라면 스스로 구현해야 하는 거군요.

중복을 제거하는 방법은 언뜻 보기엔 간단해 보여도 매우 어려운 문제라서 지원하는 아키텍처도 제한돼 있어. 오픈소스 제품의 경우 Flink나 Spark streaming이 지원하고 있지.

그렇군요, 또 새로운 걸 배웠네요.

매출 데이터를 스트리밍 데이터로 가져와 분석하고 싶다는 요구사항을 만족시키기 위해 GCP의 아키텍처를 검토해보자.

우선 빅쿼리로의 데이터 읽기 방식은 2가지 패턴이 있다.

- 일괄 처리 방식
- 스트리밍 방식

일괄 처리 방식은 파일이나 데이터베이스에서 일괄로 읽어 들이고, 처리가 완료되면 일괄로 빅쿼리 테이블에 반영된다.

도중에 오류가 발생한(정확하게는 허용하는 오류 수의 파라미터 값을 초과했을 때) 경우는 모두 롤백되어 데이터가 추가되지 않는다.

기존 테이블에 추가하거나 덮어 쓸 경우 처리가 완료될 때까지 계속 기존 테이블의 데이터를 참조할 수 있다.

스트리밍 방식은 Cloud Pub/Sub이나 Insert API에서 데이터를 한 레코드씩 읽어 들인다.

이것은 한 레코드를 로드할 때마다 빅쿼리 테이블에 반영되기 때문에 실시간으로 빅쿼리에 데이터를 넣어서 분석에 사용할 수 있다는 장점이 있다.

반면, 로드할 소스와 빅쿼리 사이의 네트워크 오류나 빅쿼리 내부 오류의 영향을 받기 때문에 재시도 및 중복 제거를 고려해야 한다.

빅쿼리로 데이터 스트리밍 하는 방식에 대해서는 공식 문서도 함께 확인하길 바란다.

- https://cloud.google.com/bigquery/streaming-data-into-bigquery?hl=ko

일괄 처리 방식으로 어디까지 높은 빈도로 로드할 수 있는지 다음 할당량(Quota)을 고려해 계산해본다.

- 대상 테이블의 일일 갱신 횟수 제한: 테이블당 하루에 1,000회 갱신
- 테이블당 하루에 발생하는 읽기 작업 수 :1,000(실패 포함)
- 프로젝트당 하루에 발생하는 읽기 작업 수: 100,000(실패 포함)
- 일일 최대 테이블 작업 수: 1,000
- 테이블마다 INSERT, UPDATE, DELETE MERGE 문 등을 사용하여 테이블에 데이터 를 쓰는 모든 작업의 하루 발생 최대 수: 1,000

연계하는 쪽이 한 곳이고 데이터의 종류가 한 종류인 경우 하루 동안 1분마다 로드하면 1,440회가 되므로 할당량을 초과하게 된다. 조금 간격을 두고 10분마다 로드하면 144회가 되므로 이 경우 할당량을 넘지 않는다. 또한 연계하는 쪽이 10곳이라도 모아서 한 번에 로드 하면 횟수는 바뀌지 않는다. 그렇지만 연계하는 쪽이 한 곳이라도 데이터의 종류가 10종류인 경우 10분마다 로드하면 1,440회가 된다.

요구사항의 실현과 향후의 확장성을 감안하고 할당량를 의식하여 아키텍처를 검토하도록 하자.

또한 빅쿼리 스트리밍 인서트에 대해서도 할당량이 있으므로 이것도 요구사항을 충족하는 지 확인하자.

베스트 에포트형 중복 제거 기능이 있는데 행을 삽입할 때 insertId를 설정함으로써 활성화 된다. 이 기능을 사용하면 행 삽입 시 할당량 제한이 엄격해진다.

▼ 공통

```
최대 행 크기: 1MB
HTTP 요청의 크기 제한: 10MB
요청당 최대 행 수: 요청당 1만 행
1초당 최대 행 수: 100만 행
```

▼ 행을 삽입할 때 insertId 필드 값을 설정하는 경우

초당 최대 바이트 수: 100MB

▼ 행을 삽입할 때 insertId 필드 값을 설정하지 않은 경우

초당 최대 바이트 수: 1GB

비용 면에서는 일괄 처리 방식은 무료지만 스트리밍 방식은 비용이 소요된다. 미국(다중 영역)에서는 200MB당 0.01달러이고 최소 사이즈 1KB로 각 행이 계산된다.

비용이 문제가 되어 일괄 처리 방식으로 시도하는 사례도 있다.

여기에서는 요구나 Quota 비용 측면을 고려한 결과, 스트리밍 방식으로 빅쿼리로 로드해 분석에 이용하는 구성을 검증하도록 한다.

다음으로 빅쿼리로 스트리밍하기 위한 구성을 생각해본다.

가장 간단한 것은 빅쿼리 API에 요청하는 것으로 스트리밍 인서트하는 방식이다.

또한 매니지드 서비스를 이용한 구성으로 Cloud Pub/Sub 및 Cloud Dataflow를 경유하는 방식이 있다.

그림 6-2 스트리밍 처리를 위한 아키텍처

Cloud Pub/Sub는 글로벌 실시간 메시징 서비스다. 메시지를 보내는 측과 통신하는 퍼블리셔, 메시지를 수신하는 측과 통신하는 구독자로 구성되어 각각 자동으로 스케일링한다.

이번 예에서는 매출 데이터를 Cloud Pub/Sub의 구독자에게 메시지를 송신한다.

Cloud Dataflow는 앞에서도 소개했지만 일괄 데이터 처리뿐만 아니라 스트리밍 데이터 처리를 실행하는 환경도 완전 관리형으로 제공한다.

Cloud Dataflow 작업을 스트리밍 형태로 기동해 두고 Cloud Pub/Sub에 들어온 메시지를 Cloud Dataflow가 읽어 처리하고 빅쿼리에 스크리밍 인서트하는 흐름이다.

이 방식을 취할 때 아키텍처로 2개의 패턴을 생각할 수 있어 각각 소개한다.

6.2.1 마스터 결합을 빅쿼리에서 실시하는 패턴

Pub/Sub에서 Dataflow를 경유하여 빅쿼리 테이블에 기록한 후, 마스터 데이터가 들어 있는 빅쿼리의 별도 테이블과 JOIN한 뷰를 통해 데이터를 참조하는 패턴이다.

그림 6-3 마스터와의 결합을 빅쿼리에서 실시하는 패턴

이 경우 Dataflow 처리에서는 JOIN하지 않기 때문에 Dataflow 처리가 간단해진다.

빅쿼리에서 분석 쿼리를 실행했을 때 빅쿼리의 리소스를 사용하여 매번 JOIN해서 참조한다.

6.2.2 마스터 결합을 Dataflow에서 실시하는 패턴

Pub/Sub에서 취득하는 매출 데이터와 빅데이터에서 취득하는 마스터 데이터를 Dataflow에서 JOIN해 빅쿼리 테이블로 로드한 후 뷰를 통해 데이터를 참조하는 패턴이다.

그림 6-4 마스터와의 결합을 Dataflow에서 실시하는 패턴

이 경우 Dataflow 처리에서 JOIN을 하기 때문에 Dataflow 처리를 만들어야 한다.

빅쿼리로 로드된 시점에서는 JOIN이 끝났으므로 뷰를 통해 데이터를 참조할 때 빅쿼리의 리소스는 거의 사용하지 않고 참조할 수 있다.

6.2.3 아키텍처 비교

지금까지 설명한 방식을 [표 6-1]로 정리했다.

표 6-1 아키텍처 비교

	A안	B안	C안
구현 방식	BigQuery API + 클라이언트 라이브러리	Apache Beam + SQL	Apache Beam + SQL
마스터 결합 처리의 구현 장소	빅쿼리	빅쿼리	Dataflow
분석 쿼리 속도	○	○	◎
스케일링	클라이언트 구현에 의존	◎	◎
매니지드	클라이언트 구현에 의존	○	○
구현 용이성	◎	○	△

A안은 API를 직접 호출하는 방식으로 스케일링이나 매니지드는 클라이언트 의존이다. C안은 Dataflow 처리에서 JOIN 구현이 필요하므로 처음인 사람에게는 △로 하였다.

분석 쿼리의 속도는 C안만 JOIN을 먼저 끝냈기 때문에 ◎로 했지만, 분석 뷰를 테이블 생성으로 전환하면 별다른 차이가 없다.

Dataflow 처리의 구현은 Apache Beam을 이용한 코드 이외에 Cloud Dataflow SQL(집필 시점에서는 알파 버전)이라는 Apache Beam 코드 대신 SQL로 작성할 수 있는 기능도 이용할 수 있게 되었다. Apache Beam 코드라면 세부적인 로직 구현이나 편리한 기능을 구현할 수 있으므로 알고 있으면 편리하다. 하지만 지금은 SQL을 사용하는 사람을 위한 입문으로 설정 및 Dataflow SQL을 이용하는 방법으로 소개한다.

주의점이라면 이 기능은 알파 버전이기 때문에 여러 제약이 있거나 향후 기능이 변경되거나 SLA가 정의되지 않은 부분이 있을 수 있다는 점을 인식하고 있어야 한다. 그러므로 어디까지나 검증용으로 사용하도록 공식 문서와 콘솔 화면에 주의사항으로 쓰여 있다. 실제 사용할 때는 반드시 공식 문서를 확인하길 바란다.

이후로는 B안을 바탕으로 Dataflow SQL로 실현하는 방법을 소개하겠다.

6.3 스트리밍 파이프라인 구현

아키텍처는 정해졌는데, 그 후의 학습은 순조로워?

Cloud Dataflow를 학습하고 있는데 어렵네요. 프로그래밍 경험이 없는 저에게는 공부할 것이 너무 많아요.

그래. Dataflow는 Apache Beam이라는 대규모 분산 데이터 처리를 정의하기 위한 추상화된 프로그래밍 모델로 작성할 필요가 있는데 프로그래밍 경험이 있어도 익숙하지 않은 방법이라서 당황하는 사람들이 많을 것 같아.

Beam으로 작성할 경우의 장점이라면 무엇이 있을까요?

일괄 처리와 스트리밍 양쪽 다 파이프라인 처리를 할 수 있다는 점과 Spark나 Flink 같은 다른 오픈소스 프로젝트도 Beam을 지원하고 있다는 점일까? 단, 가이드라인[1]이 아직 한글화되어 있지 않기 때문에 개념을 이해하는 데 기술 장벽이 높다는 점도 문제지.

개발 언어로는 자바나 파이썬, Go 언어로 작성할 수 있는 것 같네요.

파이썬이나 Go는 사용할 수 있는 기능이 한정되어서 전체 기능을 사용하고 싶다면 자바를 선택해야 할 거야. 그리고 스포티파이Spotify가 개발하고 있는 자바 SDK의 래퍼인 Scio[2]를 사용하면 스칼라로도 작성할 수 있다고 해.

---

1 https://beam.apache.org/documentation/programming-guide/

2 https://github.com/spotify/scio

스트리밍 데이터의 경우 데이터를 저장하는 것도 큰일이네요.

아직 실전에서는 사용할 수 없지만, 초심자를 위해서 DataflowSQL이라는 기능이 공개되어 있기 때문에 이제부터 함께 다뤄보자. SQL 지식만으로 손쉽게 스트리밍 파이프라인을 구축할 수 있으니까 스트리밍 분석 입문에는 딱 좋은 것 같아.

그런 기능도 있군요.
'다루다 보면 일반에 공개될 수도 있겠지…'

스트리밍 파이프라인으로서 다음 기능을 차례대로 구현해보자.

그림 6-5 파이프라인 구성

6.3.1 실시간 데이터 수집

Pub/Sub으로 매출 데이터를 모으고 전달하기 위해 Pub/Sub에서 메시지를 받기 위한 주제(Topic)[3]를 작성한다.

그런 다음 Dataflow SQL에서 INPUT으로 Pub/Sub 주제를 사용하기 위해 Pub/Sub 주제에 스키마를 할당한다. 이를 통해 Pub/Sub 주제의 데이터에 대해 SQL로 쿼리를 실행할 수 있게 된다.

---

3   구글 클라우드 플랫폼에서는 Topic을 주제라는 한글로 표현하고 있다. 그러므로 이후 토픽은 '주제'라고 표현한다.

⬡ Pub/Sub 주제 만들기

Pub/Sub 콘솔 화면을 열고 주제 만들기를 클릭하면 주제 만들기 화면이 표시된다. 주제 ID
에 sales를 입력하고 [주제 만들기]를 클릭한다.

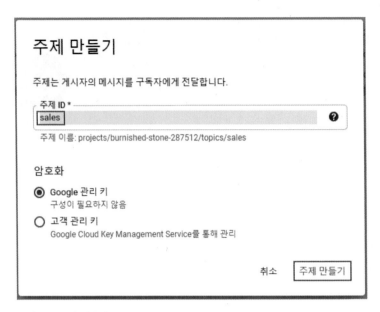

그림 6-6 주제 만들기

다음 페이지의 화면이 표시되면 작성이 완료된 것이다.

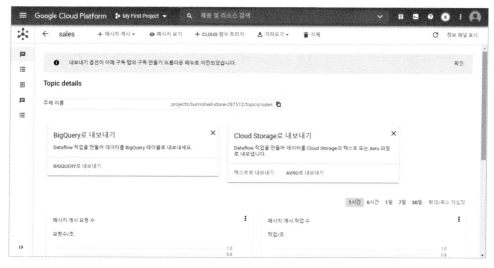

그림 6-7 Topic details

주제는 gcloud 명령어로도 만들 수 있다. Cloud Shell에서 아래의 명령어를 실행한다.

```
$gcloud pubsub topics create sales
```

Pub/Sub 주제 스키마 할당

Pub/Sub 주제에 스키마를 할당한다. 이것은 콘솔 화면에서 설정할 수 없기 때문에 설정 파일을 작성하여 명령어로 할당한다. 다음의 스키마 정의 파일(topic_schema.yaml)을 준비한다.[4]

```
- column: event_timestamp
  description: Pub/Sub event timestamp
  mode: REQUIRED
  type: TIMESTAMP
- column: sales_number
  description: 매출번호
  mode: NULLABLE
  type: INT64
- column: sales_datetime
```

---

4 원서 소스대로 실행하면 오류가 발생하기 때문에 다소 수정하여 실행했다.

```yaml
    description: 매출일시
    mode: NULLABLE
    type: STRING
- column: sales_category
    description: 매출구분
    mode: NULLABLE
    type: STRING
- column: department_code
    description: 부문코드
    mode: NULLABLE
    type: INT64
- column: store_code
    description: 점포코드
    mode: NULLABLE
    type: INT64
- column: customer_code
    description: 고객코드
    mode: NULLABLE
    type: INT64
- column: employee_code
    description: 사원코드
    mode: NULLABLE
    type: INT64
- column: detail
    description: 매출명세
    mode: NULLABLE
    type: STRUCT
    subcolumns:
      - column: sales_row_number
        description: 매출행번호
        mode: NULLABLE
        type: INT64
      - column: item_code
        description: 상품코드
        mode: NULLABLE
        type: INT64
      - column: item_name
        description: 상품명
        mode: NULLABLE
        type: STRING
      - column: sale_unit_price
        description: 판매단가
        mode: NULLABLE
        type: INT64
      - column: sales_quantity
```

```
        description: 매출수량
        mode: NULLABLE
        type: INT64
      - column: discount_price
        description: 할인금액
        mode: NULLABLE
        type: INT64
      - column: consumption_tax_rate
        description: 소비세율
        mode: NULLABLE
        type: INT64
      - column: consumption_tax_price
        description: 소비세액
        mode: NULLABLE
        type: INT64
      - column: sales_price
        description: 매출액
        mode: NULLABLE
        type: INT64
      - column: remarks
        description: 비고
        mode: NULLABLE
        type: STRING
```

Cloud Shell 메뉴에서 [파일 업로드]를 선택해 스키마 정의 파일을 Cloud Shell에 업로드한다.

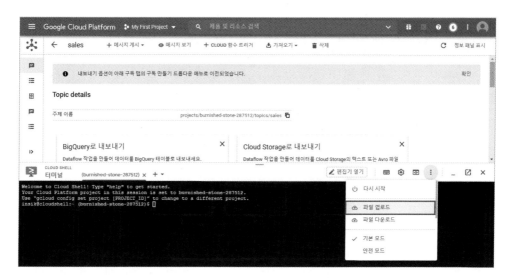

그림 6-8 Cloud Shell에서 파일 업로드

스키마 할당은 Data Catalog에서 관리한다. 2019년 발표된 Data Catalog는 완전 관리형으로 확장 가능한 메타데이터 관리 서비스다. Data Catalog에는 빅쿼리 및 Pub/Sub 리소스에 메타데이터를 부여하는 기능과 메타데이터를 사용하여 리소스를 검색하는 기능이 있다. 그 기능으로 Dataflow SQL이 메타데이터 정의에 따라 쿼리할 수 있으므로 향후 다양한 기능과 연결하는 데 사용될 것이다. Cloud Shell의 gcloud 명령어 라인 툴을 사용하여 스키마를 할당한다.

```
$ gcloud beta data-catalog entries update \
  --lookup-entry='pubsub.topic.`[project-id]`.sales' \
  --schema-from-file=topic_schema.yaml
```

Data Catalog를 처음 사용하는 경우 API를 사용할 것인지 묻는 질문에 활성화한다(y를 입력하고 엔터 키를 누른다).

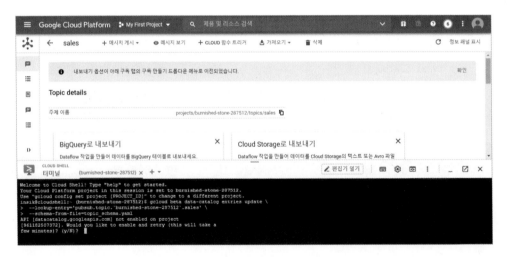

그림 6-9 Data Catalog API 활성화

다음과 같이 표시되면 API 활성화와 스키마 할당이 완료된 것이다.

```
Enabling service [datacatalog.googleapis.com] on project [961182507372]...
Operation "operations/acf.ff13925e-015c-4183-9b97-3a3730001ab2" finished
successfully.
Updated entry.
…(이하 생략)
```

Pub/Sub 주제에 스키마가 제대로 할당되어 있는지 확인해보자.

Data Catalog 콘솔 화면을 열고 검색 창에 'sales topic'을 입력하여 검색한다.

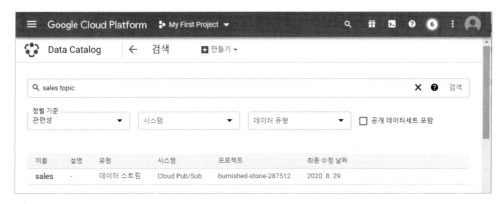

그림 6-10 Data Catalog 검색 결과 화면

sales를 선택하고 [스키마 및 열 태그]를 클릭하여 아까 정의한 스키마가 표시되면 된다.

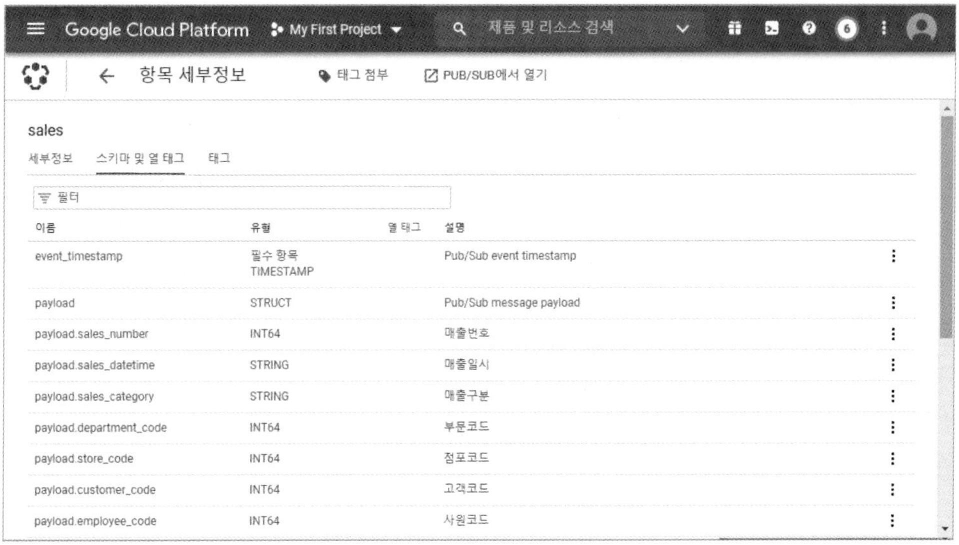

그림 6-11 sales 주제 스키마 정의

6.3.2 Dataflow SQL 구현

Dataflow SQL 구현에는 빅쿼리의 콘솔 화면을 사용한다. 빅쿼리의 쿼리 엔진을 전환할 수 있게 되어 있으므로 'Cloud Dataflow 엔진'을 이용한다.

SQL을 작성하고 실행하는 순서로 Dataflow의 스트리밍 작업을 진행하므로 쿼리에서 SQL을 작성하고 실행해본 사람이라면 조작이 익숙할 것이다.

Pub/Sub 주제에 접속 추가

빅쿼리의 콘솔 화면을 열고 더보기에서 [쿼리 설정]을 클릭한다.

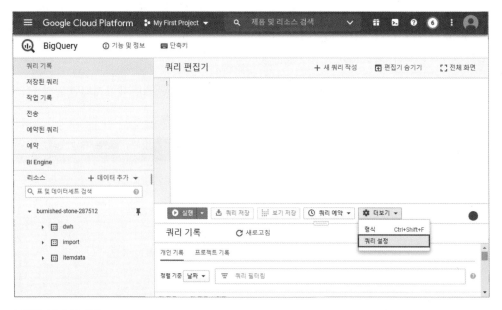

그림 6-12 쿼리 설정

쿼리 엔진을 'Cloud Dataflow 엔진'으로 변경한다.

처음에는 API를 활성화할 필요가 있으므로 [API 사용 설정]을 클릭한다.

Data Catalog API는 아까 Pub/Sub 주제에 스키마를 할당할 때 활성화된 상태이므로 여기에서는 Dataflow API를 활성화하는 것이다.

그림 6-13 API 활성화

API를 활성화한 후에는 다음과 같이 표시된다.

저장을 클릭하고 'Cloud Dataflow 엔진'으로 변경한다.

그림 6-14 API 활성화 후

이제 엔진이 변경되었다.

이 상태에서 왼쪽 내비게이션 패널의 [데이터 추가]를 클릭하면 'Cloud Dataflow의 소스'가 추가되어 있으므로 이것을 클릭한다.

그림 6-15 Cloud Dataflow 소스 추가

sales를 입력하여 검색하면 방금 전 스키마 할당을 한 주제가 표시되므로 체크하여 추가한다.

그림 6-16 Pub/Sub 주제 선택

Cloud Dataflow 소스로 Pub/Sub 주제인 sales가 추가됐다. 스키마를 살펴보면 방금 전에 할당한 정의를 읽어 들일 수 있기 때문에 이 정의에 따라 SQL을 작성할 수 있다.

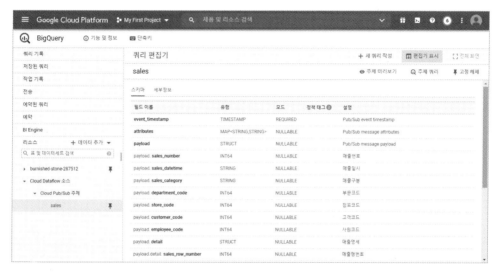

그림 6-17 빅쿼리에서 살펴본 Pub/Sub 주제 스키마

SQL 쿼리 작성하기

스키마 준비가 되었으므로, 다음은 실행할 SQL 쿼리를 작성한다.

다음과 같이 SQL을 작성한다.[5]

```
SELECT
  sales_number,
  sales_datetime,
  sales_category,
  department_code,
  store_code,
  customer_code,
  employee_code,
  detail.item_code,
  detail.item_name,
  detail.sale_unit_price,
  detail.sales_quantity,
```

....

5   원서 소스에 오류가 있어 역자가 다소 수정하여 실행했다.

```
    detail.discount_price,
    detail.consumption_tax_rate,
    detail.consumption_tax_price,
    detail.sales_price,
    detail.remarks
  FROM
    pubsub.topic.`[project-id]`.sales
```

FROM 구에 지정된 테이블은 조금 낯선 작성법인데, Pub/Sub 주제의 스키마를 표시하고 있을 때 [주제 쿼리]를 누르면 다음과 같이 초기 입력을 해주므로 그에 따르도록 한다.

```
  SELECT FROM pubsub.topic.`[project-id]`.sales
```

이번에는 지금까지 것과는 다른 별도의 데이터세트로 로드한 다음 테이블을 만들 것이므로 빅쿼리에 stream 데이터세트를 작성한다. 이미 있는 데이터세트를 사용해도 문제는 없다.

```
  $ bq mk stream
```

그럼 작성한 SQL 쿼리를 쿼리 편집기에서 실행한다.

더보기에서 [쿼리 설정]을 클릭하여 쿼리 엔진이 'Cloud Dataflow 엔진'으로 되어 있음을 확인한다.

쿼리 편집기에 방금 작성한 SQL 쿼리를 붙여 넣는다.

Dataflow SQL 쿼리는 빅쿼리의 일반 SQL 쿼리와 마찬가지로 문법 검사 및 존재 확인 등의 검증을 실행한다.

쿼리 편집기의 오른쪽 아래에 있는 아이콘이 빨간색 느낌표인 경우는 클릭함으로써 오류 메시지를 확인할 수 있다.

아이콘이 녹색 체크 표시로 되어 있는지 확인하고 [Cloud Dataflow 작업 만들기]를 클릭한다.

그림 6-18 Dataflow SQL 쿼리 검증

데이터세트는 방금 작성한 'stream', 테이블 이름은 'sales'를 입력하고 [만들기]를 클릭한다.

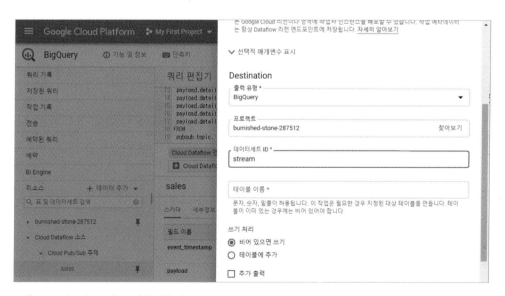

그림 6-19 Cloud Dataflow 작업 만들기

Cloud Dataflow 작업 생성이 완료되고 실행 대기 상태가 되었다. 대략 2-4분 정도 지나면
스트리밍 작업이 시작된다.

오류가 있는 경우는 오류 상태가 되고 오류 메시지에 대한 링크가 표시되므로 오류 메시지를 보고 수정하길 바란다.

그림 6-20 Cloud Dataflow 작업 실행 직후

작업 ID를 클릭하면 Dataflow 콘솔 화면이 열리고 방금 만든 작업의 세부 사항을 확인할 수 있다.

작업이 시작되면 왼쪽에 파이프라인이 표시된다. 이 파이프라인은 SQL 쿼리를 Apache Beam 파이프라인으로 변환한 것이다.

그림 6-21 Cloud Dataflow 작업 상세 화면

Pub/Sub 데이터 투입

Pub/Sub에 데이터를 투입하여 동작을 확인하자.

Pub/Sub 주제로 메시지를 발행하는 파이썬 스크립트를 작성한다.

스크립트 내에서 사용된 데이터 값은 예제로 사용한 값이다.

```python
#!/usr/bin/env python

import datetime
import json
import os
import random
import time

while True:
    data = {
        'sales_number': random.randrange(1, 9999999999),
        'sales_date': datetime.datetime.now().strftime("%Y-%m-%d"),
        'sales_category': 'sales',
        'department_code': 205,
        'store_code': 26217,
        'customer_code': 2728336234,
        'employee_code': 3540669664,
```

```
        'detail': {
            'sales_row_number': 1,
            'item_code': 7118324379,
            'item_name': 'item1',
            'sale_unit_price': 1500,
            'sales_quantity': 1,
            'discount_price': 0,
            'consumption_tax_rate': 10,
            'consumption_tax_price': 150,
            'sales_price': 1650,
            'remarks': 'sample'
        }
    }

    message = json.dumps(data)
    command = "gcloud --project=[project-id] pubsub topics publish sales
--message='%s'" % message
    print(command)
    os.system(command)
    time.sleep(random.randrange(1, 5))
```

이 스크립트를 Cloud Shell에서 실행한다.

파일을 업로드하고 다음 명령어를 실행한다.

```
$ python publish_sales.py
```

이 스크립트는 루프하면서 Pub/Sub 주제로 메시지를 발행하고 있다. 정지하고 싶은 경우는 [Ctrl]+[C]를 누르면 된다.

6.3.3 결과 확인

작업에 데이터가 전달되고 있는 모습을 살펴보자.

Dataflow 작업의 상세 화면에서 [Write to ...] 객체를 클릭하면 처리 상태가 표시된다. '추가된 요소(근사치)'가 늘어나고 있으며 이 숫자만큼 빅쿼리에 기록되고 있음을 알 수 있다.

그림 6-22 작업 상세에서 추가된 요소(근사치)가 늘어나고 있는 모습

빅쿼리의 테이블도 살펴보자. SELECT 구문에서 지정된 대로 스키마 정의가 되어 있다.

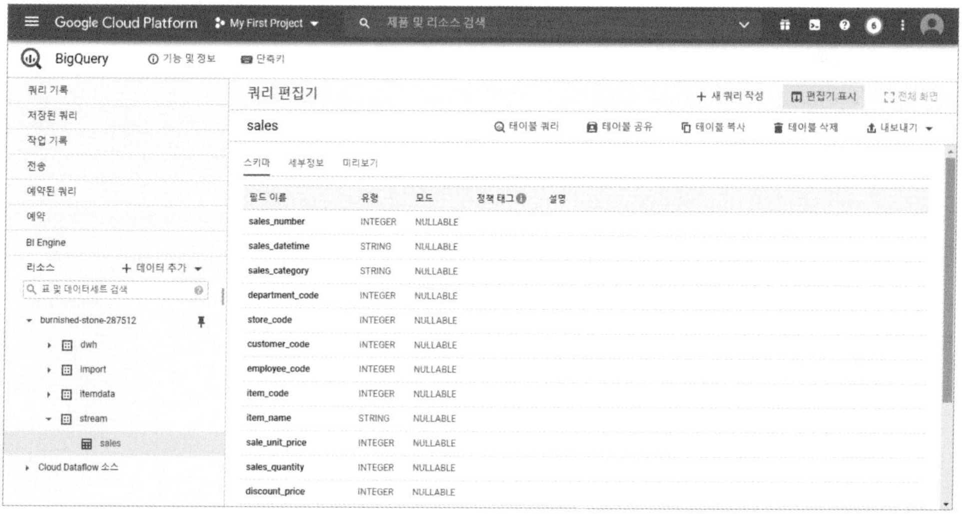

그림 6-23 작업에서 작성된 stream.sales 테이블

스트리밍 삽입(Streaming Insert) 처리로 미리 보기에서는 약간의 시간이 경과한 상황에서 데이터가 표시된다.

쿼리를 작성하면 삽입 직후의 데이터도 볼 수 있으므로 확인해보도록 하자.

우선 쿼리 엔진을 'BigQuery 엔진'으로 되돌린 후 쿼리를 실행한다.

```
SELECT * FROM `[project-id].stream.sales`
```

쿼리 결과로부터 스크립트에서 투입한 데이터가 테이블에 기록되어 있는지를 확인할 수 있다.

그림 6-24 stream.sales 검색 결과

Dataflow 작업을 중지하려면 Dataflow의 작업 상세 화면에서 [중지] 클릭한다.

그림 6-25 작업 중지

작업을 중지하는 방법으로 '취소'와 '드레이닝'이 있는데, 여기에서는 '취소'를 선택한 후 [STOP JOB]을 클릭한다.

'드레이닝'은 파이프라인을 정지할 때 데이터 손실을 방지하고 싶은 경우에 유효한 기능이다.

그림 6-26 작업 중지 방법

SQL 쿼리를 변경하려면

SQL 쿼리를 변경하려면 새로운 SQL 쿼리로 작업을 실행한 후에 기존 작업을 정지한다.

빅쿼리 콘솔 화면에 있는 작업 기록에서 Cloud Dataflow 탭을 클릭하면 볼 수 있다. 행을 클릭하면 작업의 상세 정보를 확인할 수 있다.

그림 6-27 작업 기록

[편집기에서 쿼리 열기]를 클릭함으로써 SQL 쿼리를 쿼리 편집기로 가져올 수 있으며 SQL 쿼리를 변경하고 다시 [Cloud Dataflow 작업 만들기]를 클릭하여 작업을 실행한다.

작업이 시작된 것을 확인한 후 기존 작업을 정지한다.

보고서용 뷰 만들기

보고서용으로 마스터와 결합한 뷰를 준비하도록 하자.

다음은 그에 대한 SQL 쿼리다.

```
SELECT
  sales.sales_number,
  PARSE_DATETIME('%Y-%m-%d', sales.sales_datetime) AS sales_datetime,
  sales.sales_category,
```

```
    division.division_code,
    division.division_name,
    sales.department_code,
    department.department_name,
    sales.store_code,
    customer.customer_code,
    customer.birthday,
    customer.sex,
    customer.zip_code,
    sales.employee_code,
    sales.item_code,
    sales.item_name,
    sales.sale_unit_price,
    sales.sales_quantity,
    sales.discount_price,
    sales.consumption_tax_rate,
    sales.consumption_tax_price,
    sales.sales_price,
    sales.remarks
FROM
  `[project-id]`.stream.sales AS sales
LEFT JOIN
  `[project-id]`.import.department department
ON
  sales.department_code = department.department_code
LEFT JOIN
  `[project-id]`.import.division division
ON
  department.division_code = division.division_code
LEFT JOIN
  `[project-id]`.import.customer customer
ON
  sales.customer_code = customer.customer_code
```

뷰를 만들 때는 쿼리 엔진을 BigQuery 엔진으로 되돌리고 나서 실행한다는 점에 주의해야
한다.

쿼리 편집기에 위의 SQL 쿼리를 붙여 넣은 후 [보기 저장]을 클릭한다.

여기에서는 dwh.stream_sales라는 뷰로 저장한다.

그림 6-28 보기 저장

이 뷰를 사용하여 데이터 포털의 보고서를 작성함으로써 항상 최신 데이터를 분석에 이용할
수 있다.

결론

선배님, 영업부에서 연락 온 마케팅 부서의 장바구니 분석 1[1] 결과 액세스 권한 요청에 대응하셨나요?

미안, 마케팅 부서와 조정은 끝났는데 아직 착수는 하지 않았어. 그리고 스프레드시트가 아닌 데이터 포털이라면 더 빨리 제공할 수 있다고 전해줘.

알겠습니다. 그리고 지금까지는 메일로 연락하고 있어서 그러니 빨리 대응해주면 고맙겠다고 하네요.

기대치가 높은 것은 이해가 가지만 조금은 여기 사정도 생각해줬으면 좋겠네... 여러 부서에서 이런저런 요청이 와서 솔직히 일손이 부족해.

부서마다 환경이 다른 것도 알게 되었네요. 영업부가 AWS를 사용하고 있다는 사실은 전혀 몰랐습니다.

지금은 우리가 가장 중간에서 처리를 많이 하는 환경을 갖고 있지. 데이터도 마찬가지가 될 거야.

수고 많아요. 항상 열심이네. 잠시 자네들에게 중요한 이야기가 있는데 시간 괜찮을까?

네, 괜찮습니다.

---

1 장바구니 단위로 한 번에 구매하고자 하는 상품의 관련성을 분석하는 방법

일전에 자네들에게 영업부에서 레거시 시스템의 유지보수 목적으로 클라우드 데이터 분석 플랫폼 개발 테스트를 진행하도록 했는데, 이미 분석 플랫폼을 실제 업무에 채택하고 있는 부서도 있는 것 같아서 말이야. 그래서 즉시 투입 가능하도록 새롭게 체제를 변경하게 되었어.

그 말씀은 제 첫 번째 기획이 채택되었다는 말씀인가요?

 그렇네.

말씀 중에 죄송합니다. 무슨 말씀인지 이해가 안 돼서요. 체제 변경이라고요?

 이 일을 함께하고 있어서 이미 알고 있는 줄 알았는데 아직 잘 모르나 보군. 자네 선배가 제안한 기획서에는 데이터 분석 플랫폼 개발을 통한 데이터 엔지니어 육성 및 데이터 엔지니어링 부서 신설까지 적혀 있다네. 그 내용 그대로 체제를 만들게 되었단 말이지.

금시초문이에요. 그런 구상이 있었군요!

 잘 될지 어떨지 몰라서 너에게는 기대하게 하고 싶지 않았어. 하지만 네가 잘 도와준 덕분에 내 제안이 통과됐네.

그럼, 처음에 제게 말한 새로운 길이라는 것이...

 그래, 데이터 엔지니어로서의 길이지. 원래 마케팅 부서 지망이라고 들었어. 데이터 엔지니어는 엔지니어로서 마케팅 전략에 관계되는 최적의 위치라고 생각해. 분명 지금 일보다 보람이 있을 거야.

앞으로 사업 성장을 가속하기 위해서도 분석에 발생하는 공수 절감과 효율화는 회사의 중요한 미션이 될 거야. 새로운 부서에서 자네들 활약을 크게 기대하고 있으니 이번에 배운 실력을 마음껏 발휘해주게!

 네!

이 책에서는 지금까지 빅쿼리를 중심으로 다양한 서비스를 이용해 실전적인 빅데이터 분석 플랫폼 개발에 관한 노하우를 소개했다.

데이터 분석에서 빅쿼리는 매우 높은 가성비를 발휘하는데, 이는 비즈니스 현장에서 클라우드 제공자 선정에 빅쿼리를 선택하는 첫 번째 이유다. 빅쿼리 공개부터 현재까지 빅쿼리 자체의 발전은 물론 GCP 주변 서비스도 확충되고 있어 지속적으로 이목을 끌고 있다. 이 책에서 전부 소개하지 못했지만 위치 정보를 분석할 수 있고 일반 공개된 BigQuery GIS, 새로운 기능으로 발표된 BigQuery BI Engine, 데이터 통합을 실현하는 Cloud Data Fusion과 연계함으로써 빅쿼리를 기반으로 비즈니스 과제 해결과 의사결정을 신속하게 처리하는 구조는 이미 GCP 안에 갖춰져 있다.

조직을 개혁하고 사업 구조를 바꾸는 것은 쉬운 일이 아니다. 그러나 기업 안팎의 빅데이터를 활용하여 지금보다 빠른 주기로 경영 전략을 수립할 수 있도록 디지털 변환(DX)을 추진해야만 현대 디지털 경쟁 사회에서 살아남을 수 있다. GCP를 활용하여 기업이 시장의 변화에 신속하게 대응할 수 있게 되면 다른 곳과는 다른 경쟁력을 얻을 수 있다. 중요한 것은 GCP뿐만 아니라 클라우드도 계속 변화하고 있기 때문에 엔지니어뿐만 아니라 경영진도 그 변화를 받아들이는 의식과 체제 정비를 해야 한다. 이 책에서 배운 GCP의 우위성과 가능성이 기업 데이터를 기반으로 한 조직 개혁에 도움이 되었으면 좋겠다.

마지막으로 책에서 소개한 이야기 속 데이터 분석 플랫폼이 어떤 아키텍처로 되어 있는지 살펴보자.

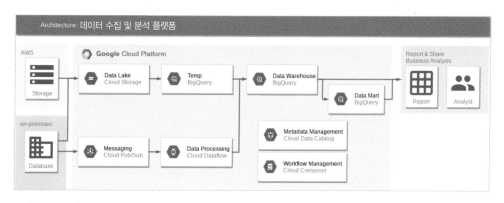

그림 6-29 데이터 분석 플랫폼 아키텍처

GCP는 현재 가장 성장하고 발전하고 있는 클라우드다.

이 책에서 데이터 분석 플랫폼 구축 지식을 배운 후에는 실제로 GCP를 활용하여 압도적인 생산성, 비용 대비 성능, 구글 기술의 선진성을 체감해보길 바란다.

INDEX

INDEX